国际组织与全球治理

贾烈英·著

International Organizations
and
Global Governance

时事出版社
北京

本书受北京高校高精尖学科建设项目资助

献给恩师秦亚青先生

前言
不确定性时代如何加强国际组织的作用[*]

在当前这个充满不确定性的时代，国际组织的角色和能力愈发重要。全球正面临着一系列复杂而紧迫的挑战，从全球卫生危机到气候变化，从贸易纠纷到人权争议，这些问题无国界，需要国际合作来解决。国际组织在其中扮演了协调、调解和提供方案的关键角色，同时也面临着日益复杂的挑战。

历史告诉我们，国际组织在解决全球问题方面并不是万能的。回顾联合国成立以来的历史，许多争端和冲突仍然存在，比如巴以冲突，甚至愈演愈烈。国际组织的能力和效力受到国家利益、政治分歧和资源不足等多种因素的制约。

然而，在这个时代，我们必须认识到，国际组织仍然是维护国际和平与安全、促进全球合作不可或缺的工具。通过强化这些组织的能力，可以影响未来的全球决策和政策，为解决全球问题提供更好的机会。

我们应该探讨如何增强国际组织的能力，以便它们能够更好地应对不确定性，影响全球决策，塑造更加稳定和繁荣的未来。国际合作是解决全球问题的关键，尤其是在面对当今各种挑战的情况下。

---

[*] 本文是笔者于 2023 年 11 月 3 日在北京大学举办的北京论坛"文明的和谐与共同繁荣——传承与互鉴"上的发言，由博士生李芸墨负责整理。

一、历史的镜子与今天的联合国

首先，允许我以历史的镜头审视国际组织。国际联盟成立于第一次世界大战结束后，旨在通过国际协调来维护和平与安全。然而，由于国家利益冲突和成员国的不合作，国际联盟最终在面对挑战时瓦解，并没有在 20 世纪初期的国际紧张局势下实现其目标，未能阻止第二次世界大战的爆发。

国际联盟的失败，很大程度上源于国际联盟内部的权力结构不能反映客观世界的现实。美国不加入，苏联不被允许加入，使得国际联盟没有代表性；各国都有否决权，使得集体行动无法实行。

但即使这样，国际联盟也给人类合作留下了丰富的遗产，包括制度设计、会议场所和会议形式等方面。

联合国从国际联盟的失败经验中汲取了宝贵的经验教训，以加强国际组织的作用。联合国采用了普遍会员制，以便更多国家能够参与，从而提高了其代表性和合法性。联合国设立了安全理事会（简称安理会），拥有五个常任理事国，只有这五个大国在实质性事项上拥有否决权。这些国家在维护国际和平与安全方面发挥了关键作用。

此外，联合国大大强化了会员国在经济社会发展领域的合作，以解决国家间冲突的深层根源。事实证明，民主不必然导致和平，自由也不能与和平画等号。没有发展，就无法夯实政治的经济基础，无法为维持和平、建设和平提供物质保障。

二、大国不一致是国际组织瘫痪的重要因素

截至 2023 年底，安理会投票中大国共行使了 313 次否决权［俄罗

斯（苏联）155 次，美国 88 次，英国 32 次，中国 20 次，法国 18 次]。新一轮的巴以冲突吸引了全球的目光，安理会投票表决了多个决议草案，但都没能通过。

以联合国为代表的国际组织，当前正面临一系列挑战，其中一个关键原因是大国之间的分裂。国际组织的力量受到大国之间政治和地缘分歧的直接影响，这些分歧削弱了国际组织在全球决策与政策塑造方面的作用。

首先，不同国家拥有不同的政治体制、文化价值观和政策目标，这导致了大国很容易在国际组织内产生分歧。其次，大国角逐全球领导地位和资源，这可能导致它们将国际组织视为竞争的场所，而不是合作的平台。这种竞争可能导致国际组织的失效，因为大国将其国家利益置于国际合作之上，甚至有些大国公开提出本国利益优先。最后，大国的退出是对国际组织的致命打击。例如，一些大国曾宣布退出国际组织，或拒绝遵守其决策，这进一步削弱了国际组织的合法性和权威性。

为了增强国际组织的能力，我们需要努力减少大国之间的分歧，鼓励进行更多的协商。国际组织应该成为解决争端和冲突的平台，而不是加剧分歧的地方。

三、全球治理需要高度重视安理会的改革

安理会作为联合国体系内最重要的机构，对于维护世界和平与安全负有特殊使命。即使在大国对抗的冷战时期，安理会的作用也可圈可点。

比如 1956 年 10 月第二次中东战争爆发，安理会迅速展开行动，试图协调各方达成停火协议，尽管由于英法的否决导致停火协议未能通过，但是为了直接干预这次危机，联合国第一支军事性的维和部队诞生

了，在督促英法等国军队从埃及撤军、缓解冲突方面发挥了重要作用，最后基本完成了联合国指派的任务。

安理会发挥作用的方式主要有六种：发出有助于防止冲突升级的停火指示；派遣军事观察员或维和部队，帮助降低紧张程度，隔离敌对部队，并建立可寻求和平解决问题的安宁环境；实施经济制裁、军火禁运、金融惩罚和限制，以及旅行禁令；断绝外交关系；封锁；集体军事行动。

当然这些作用能够发挥的前提是大国能够在热点问题上达成共识，从而采取一致行动。当前围绕安理会的作用，人们诟病最多的是否决权的滥用，以及安理会的扩大。

联合国成立时只有51个成员国，而今天成员国数量已经达到193个；老牌欧洲国家衰落，新兴市场国家崛起，要求安理会反映它们的声音与权益，尤其是所谓德国、日本、印度、巴西"四国联盟"的"入常方案"，呼声又起，限制否决权使用的替代方案层出不穷。

中国认为，改革要体现公平。发展中国家群体性崛起是当今国际格局最重要的特征。安理会组成南北失衡、发达国家代表性过剩是催生这一轮安理会改革进程的重要动因。安理会改革要想实现公平，唯一正确的方向就是提高发展中国家、特别是非洲国家在安理会的代表性和发言权，纠正非洲国家遭受的历史不公。

改革要坚持平等。各国不论大小、强弱、贫富都应从改革中受益，能够更多地参与安理会事务。时至今日，仍有60多个国家从未进入过安理会，一些中小国家平均每50年才有一次机会进入。改革的优先方向就是要增加中小国家进入安理会并参与决策的机会。安理会改革决不能仅仅满足个别国家的私利，以牺牲中小国家的机会平等为代价。这样的改革不是绝大多数国家需要的改革，也不会产生应有的效果。

改革要基于共识。安理会改革涉及每个会员国的根本利益和联合国长远发展，必须坚持协商一致原则。只有建立在共识基础上的改革方案，才能确保改革的合法性和安理会的权威性，才能确保改革成果经得起时间和历史的检验，才能让安理会工作更加民主、透明、高效，才能避免造成分裂和对抗。

当前，各方对改革方向和思路仍然存在巨大分歧。历史证明，在条件不成熟的情况下，仓促启动具体案文谈判，强推合并和形成单一文件，人为设定改革时限，甚至强推不成熟的改革方案，不仅无助于改革进程健康发展，还将加剧对立，引发对抗，甚至颠覆政府间谈判。

四、加强功能性国际组织之间的合作

当前的国际社会充满了不确定性，我们面临着诸多全球性挑战，如全球卫生危机、贸易争端、气候变化和社会不平等。这些问题超越国界，无法由单一国家独自解决。在这个背景下，加强功能性国际组织之间的合作被认为是应对不确定性的关键方法之一。

世界卫生组织与抗击疫情、世界贸易组织与贸易自由化、联合国环境规划署与气候行动的关系有目共睹。

在全球化和相互依存的时代，强调功能性国际组织之间的合作是解决不确定性的有效方法。通过协调行动、共享资源和专业知识，这些组织可以更好地应对全球挑战，确保全球社会能够共同应对不确定性，建设更加和平、繁荣和可持续的未来。

五、非政府组织在全球治理中不可或缺

非政府组织在增强国际组织的决策力和领导力方面发挥着不可或缺的作用。它们代表了民间社会，通常是独立的、非营利性组织，专注于

各种全球性议题,包括环境、人权、教育、公共卫生、社会公平等。以下是关于非政府组织如何增强国际组织决策力和领导力的重要方式。

首先,非政府组织反映了社会的声音,提供了国际组织需要的专业知识和信息。它们在各个领域拥有专家和研究人员,能够提供有关全球挑战的深入见解。这对国际组织的政策制定和决策过程至关重要,各国可以利用这些信息更好地了解问题的本质,并制定相应的政策和计划。

其次,非政府组织能够填补国际组织在资源方面的不足。许多国际组织经常面临资金缺乏的情况,而非政府组织通常能够筹集更多的资金,用于开展各种项目和倡导活动。例如,一些环保非政府组织能够筹措大笔资金来支持气候变化研究、保护野生动植物,以及提高全球可持续性。这些资金不仅能够增强国际组织完成项目的能力,还有助于其更好地应对全球性问题。

比尔及梅琳达·盖茨基金会是全球最大的私人慈善组织,以其广泛的资源和专业知识而闻名。在面对新冠疫情造成的全球危机时,比尔及梅琳达·盖茨基金会表现出了卓越的领导力和决策力。通过与世界卫生组织等国际组织合作,其积极参与新冠疫苗的研发和分发,捐赠了数十亿美元用于疫苗研究和制造,以及确保贫困国家能够获得疫苗。这些捐款和行动不仅有助于挽救生命,还加强了国际组织的能力。

再次,非政府组织有助于提高国际组织的透明度和问责制。它们常常通过监督国际组织的活动、提供信息和揭示问题,促使这些组织更加负责任地履行职责。这有助于国际组织的领导层对其决策和活动承担责任,同时也有助于消除腐败和不当行为。

最后,非政府组织还能够促使国际组织更广泛地参与公众活动,建立更广泛的伙伴关系。它们通常与各种利益相关方、社区和政府合作,以确保决策和解决方案更符合实际需求。这有助于国际组织更好地领导并协调国际努力,以应对全球性挑战。

总之，非政府组织在增强国际组织的决策力和领导力方面发挥了重要作用。它们提供专业的知识和资源，监督国际组织的行为，有助于国际组织更好地履行其使命，解决全球性问题，推动全球治理的改进。非政府组织的参与是国际社会取得可持续进展不可或缺的组成部分，将继续在全球事务中发挥重要作用。

六、如何认识时代的不确定性

国际组织成立的目的就是减少不确定性。因为制度有降低交易成本、提供信息平台、增加国家间信任的功能。人们从事科学研究，剖析因果关系，寻找规律，发明理论，验证理论也是为了降低不确定性，加强人类对自然世界和社会世界的控制力。但是，不确定性是世界的本原状态。

当前全球范围内出现的流行病、气候变化、地缘政治紧张局势等，都呈现出高度复杂性和不可预测性。我们需要更加深刻地认识国际社会的终极不确定性，以更好地应对挑战，并增强国际组织的能力和影响力，以协助人类社会在不确定中繁荣发展。

首先，我们需要理解终极不确定性的本质。这种不确定性是指我们无法准确预测未来发展趋势，因为它受到多种因素和复杂相互作用的影响。全球化、技术进步和复杂的生态系统相互交织，导致各种不确定性的出现。因此，我们必须接受不确定性是一种现实，而不是暂时的状态。

其次，我们应该采取一种灵活的应对不确定性的态度。这意味着我们需要更具弹性和创新性，以适应快速变化的环境。国际社会需要采取更多的协作和合作，以解决共同的挑战。

最后，我们需要鼓励创新和科学研究，以更好地理解和应对不确定性。

七、增强国际组织能力的几点建议

一是提高国际组织的灵活性。国际组织需要更具灵活性，以便更好地适应不确定性。它们应该具备快速反应的机制，以及更灵活的决策结构。

二是增加资金和资源。国际组织需要更多的资金和资源，以加强其能力。各国应该增加对国际组织的资金支持，确保它们能够有效履行其使命。

三是强化国际组织的领导力。国际组织需要更加强有力的领导来应对复杂的全球挑战。这需要大国带头，给予国际组织更大的政治支持和法律支持。

秦亚青在《合作——命运共同体发展的铁律》一文中指出，人类发展进化的历史就是一部合作的历史。生命科学和合作进化的大量研究成果已经表明，物种进化遵循三大定律：其一，突变，产生了物种的多样性，呈现一个精彩纷呈的天地；其二，选择，辨识出最适应环境的物种，容其存活、生长、繁衍、繁荣；其三，合作，只有那些与环境、与他者、与群体进行积极合作的物种才是最适宜的物种，才能实现成功的进化。在我们已知的世界中，最具合作意识和合作行为的物种是人类。正因为如此，人类有着比任何其他物种更为成功的发展进化。换言之，人类成功和人类社会进步一个至关重要的原因在于人类是"超级合作者"。

综上所述，不确定性时代更加需要坚定地支持国际组织。历史告诉我们，国际组织可能会面临挫折，但它们依然是维护国际和平、安全和合作不可或缺的工具。通过强化国际合作、加强功能性组织之间的合作，以及支持非政府组织等方式，我们可以更好地应对不确定性，共同创造一个更和平、繁荣和可持续的世界。

目录
Contents

国际组织制度篇

欧洲协调机制的内化过程 ……………………………………（3）
"保护的责任"——在联合国框架内的发展 …………………（13）
国际体系、国际联盟与集体安全 ……………………………（35）
国际制度的有效性：以联合国为例 …………………………（48）
全球化的逻辑与联合国的作用 ………………………………（87）

国际组织实证篇

联合国：开展公共外交的大舞台 ……………………………（105）
联合国的前世今生，作用不可或缺 …………………………（111）
欧盟对阿拉伯战略的嬗变与危机 ……………………………（117）
霸权安全观与"五眼联盟"的演化 …………………………（136）

联合国秘书长篇

联合国秘书长作用的分析 ……………………………… (153)
联合国惜别潘基文 ……………………………………… (175)
安南留下了一个更让人尊重的联合国 ………………… (180)

国际人才培养篇

联合国文化与青年国际公务员的素质培养 …………… (189)
惊鸿一瞥话学术
　　——我与北京语言大学同学们的知识人生 ……… (196)
小荷才露尖尖角　早有蜻蜓立上头
　　——小联合国里的联合国学与国际化人才培养 … (204)
当前中国高校国际组织人才培养的几点思考 ………… (214)
中国区域国别人才培养的几点思考 …………………… (221)

后　记 ……………………………………………………… (227)

国际组织制度篇

欧洲协调机制的内化过程*

从1815年到1914年的百年，是欧洲历史上少有的长和平时期（没有发生体系性战争），是典型的多极均势时期，是欧洲协调和维也纳体系时代，也是欧洲的意识形态日益走向分裂的年代。其中欧洲协调机制起了关键性作用。欧洲协调机制包括自我克制、危机协商、多边主义、会议外交等理念。下面我们以历史分期为线索，分析欧洲协调机制是如何实施、内化和消亡的。

第一节 欧洲协调机制的尝试期

费丽莫和辛金克在研究国际规范时认为，国际规范的发展一般要经历三个阶段，即兴起阶段、普及阶段和内化阶段。[①] 欧洲协调的规范既没有达到普及阶段，也没有达到内化阶段。它只存在于几个大国的浅层

---

* 本文发表在《国际关系学院学报》（现更名为《国际安全研究》）2011年第4期。

① Martha Finnemore, Kathryn Sikkink, "International Norm Dynamics and the Political Change," in Peter J. Katzenstein, Robert O. Keohane, Stephen D. Krasner, "The Exploration and Contestation in the Study of World Politics," Cambridge, Mass: MIT Press, 1999, pp. 254–265.

意识里。

1814年维也纳会议召开,标志着欧洲协调的开始。在1814—1822年,欧洲协调的方式是以大会(congress)的形式举行。它的主要特点是各国的首脑与会,讨论的主题为综合性的,结果是共同签订一个权威性的条约;而1822年之后的协调形式主要为会议(conference),会议级别为大使级,讨论的问题多是具体的,不是每次会议都能达成权威性的妥协。

从大国实力分配来看,这一时期英国综合实力第一,1820年英国财富占欧洲财富的比例为48%,俄国财富占欧洲财富的比例为18%,法国财富占欧洲财富的比例为18%,奥地利财富占欧洲财富的比例为9%,普鲁士财富占欧洲财富的比例为7%。[1] 英国具有强大的海军,众多的海外殖民地,充足的财力。虽然俄法两国的国内生产总值(GDP)总量略高于英国,但其中农业比重过大,尤其是俄国更为突出。庞大的陆军队伍、广袤的国土支撑了俄国的大国地位。法国虽然战败并被盟军占领,但其实力没有受到过分削弱。相比起来,奥地利、普鲁士地位要弱一些。英国虽然综合实力最强,但它无意充当欧洲大陆的霸权国,因为其人口不多,岛国局限又限制了其过深地介入欧洲大陆事务。

在1814—1822年,欧洲协调共举行了五次大会。考虑到当时交通的困难,且欧洲协调又没有固定的组织、会址、会务人员,如此多的首脑会议相当可观了,即使是今天的安理会首脑会议也没有达到这个频率。这五次大会的焦点主要有两个:一是创立制度,二是干涉革命。

---

[1] [美]约翰·米尔斯海默著,王义桅、唐小松译:《大国政治的悲剧》,上海人民出版社2003年版,第94页。

一、维也纳会议——欧洲协调的正式开端

1814年维也纳会议是当时欧洲史上规模最大的一次多边外交,53个政治实体与会,6个皇帝亲自参加。大会经由英国、俄国、普鲁士、奥地利协调,重建欧洲的均势与和平,对法国的处置相对宽大,这也是列强考虑到其刚刚扶植上台的波旁王朝的合法性所致,因此维也纳体系并没有引起法国人民的怨恨。会议讨论和决定的三个一般性国际问题是禁止贩卖黑人奴隶的营生、有关国际河流航行管理的规定,以及关于外交人员位次和外交语文的规定。① 其中对第三个问题的讨论和决定,意义尤为深远。会议程序的创新为以后的会议外交顺利展开扫清了障碍,比如维也纳会议创造了地主国代表担任国际会议主席的先例;设立了委员会分组议事;规定了签约顺序以国名的第一个字母为准,② 外交使节分为大使、特命全权公使、代办等。这些技术性的规范无疑得到与会国的认同。

二、欧洲协调与国内革命

自从1818年亚琛会议英、俄、普、奥四国协调一致、决定提前从法国撤军及法国加入英、俄、普、奥四国同盟以来,欧洲协调有了更为坚实的基础,因为像法国这样的大国长期被排斥在欧洲协调之外,将成为体系挑战国,欧洲的稳定将得不到保证。欧洲协调的成员构成对其有

---

① 王绳祖主编:《国际关系史(1814—1871)》第2卷,世界知识出版社1995年版,第13—14页。
② 杨泽伟:《欧洲协作对国际组织形成与发展的影响》,《法学杂志》1995年第5期,第40页。

效性存在决定性影响。

1820年，意大利的那不勒斯发生了烧炭党革命，而意大利是奥地利的势力范围，如何对待这场革命就成为欧洲协调的当务之急。法、英、俄、普、奥五国在梅特涅召集下，在特洛波开会，协调立场。关于革命是否构成对欧洲秩序的挑战，各国有不同的理解。神圣同盟三国（俄国、奥地利、普鲁士）旗帜鲜明地反对革命，积极主张派兵干预；英国则反对干预，主要是担心别国借制止革命之名，行扩大势力之实。法国态度居中，倾向于干涉。最后干涉派占了上风，特洛波会议及其1821年的续会莱巴赫会议导致奥地利出兵镇压那不勒斯革命，1822年维罗纳会议则批准了法国出兵平息西班牙革命，而俄国对西班牙和土耳其干预的企图没有得到支持。俄、奥、普、法四国签署的《特洛波议定书》明确规定，因革命而政权更迭的国家一律被排斥于欧洲协调之外，如出现改变现状而危及欧洲协调的成员国时，缔约国负有责任使破坏现状的国家回到欧洲协调内，必要时不惜使用武力。①

由于欧洲协调没有20世纪国际组织的否决权机制，英国无力阻止其他国家以欧洲协调的名义共同干涉别国革命，只好派身份较低的外交代表出席会议，以示不满。大国因种种原因，立场不一致很自然。欧洲协调起到了交流、力图建立共识的作用。欧洲协调虽然没有明确的投票表决机制，但暗含了少数服从多数、沉默即不反对之意。譬如在1820年干涉那不勒斯起义之前，梅特涅为取得同行的批准辛苦工作了两个月，英国对此漠不关心即表示同意。②

---

① 刘德斌主编：《国际关系史》，高等教育出版社2003年版，第108页。
② [美]霍尔斯蒂：《19世纪欧洲国际政治中的多头政治》，载[美]詹姆斯·N.罗西瑙主编，张胜军、刘小林等译：《没有政府的治理：世界政治中的秩序与变革》，江西人民出版社2001年版，第43页。

第二节　欧洲协调机制的深化期

这一段时期是欧洲协调的黄金时代。大国间虽然没再召开大会，但召开了多次大使级协调会议。中间发生了对欧洲秩序冲击很大的1848年革命，使有些大国政府的地位岌岌可危。可是其他大国并没有趁别国虚弱之机，捞取利益。对此杰维斯分析，在这一阶段，大国的行为方式与通常的权力政治截然不同；它们没有追求各自权力的最大化，没有总是利用他国暂时的虚弱；当他国反抗时，它们并没有很快以武力相威胁或诉诸战争。总之，它们在制定政策时，也考虑到他国的利益，为此缓和了自己的要求和行为。①

此时大国面临的主要问题是民族要求从异族统治下独立，而这势必对维也纳体系形成冲击。新形势迫使欧洲协调的功能发生调整，即由抑制民族主义转为用最低限度的暴力帮助新国家（希腊、比利时）的诞生；或承认无法阻止的变化（意大利统一和德国统一）。② 这一时期欧洲协调的成功范例是比利时、希腊和埃及问题。

一、比利时问题

1830年，比利时发生反对荷兰统治者的起义，宣布独立。而比利

---

① Robert Jervis, Stephen D. Krasner, "International Regime," New York: Cornell University Press, 1983, pp. 178 – 179.
② [美] 霍尔斯蒂：《19世纪欧洲国际政治中的多头政治》，载 [美] 詹姆斯·N. 罗西瑙主编，张胜军、刘小林等译：《没有政府的治理：世界政治中的秩序与变革》，江西人民出版社2001年版，第54页。

时并入荷兰是根据维也纳会议行事的,因此比利时独立是对维也纳体系的挑战。一开始,大国各有各的想法,法国对比利时独立表示同情和支持,俄国、普鲁士两国准备应荷兰国王邀请去镇压起义,英国虽同情革命但又担心未来比利时会成为法国的卫星国。之后,时任英国首相帕麦斯顿出面,邀请俄、普、奥、法四国大使在伦敦开会。经过协调,大国形成了共识,即比利时的独立是不可避免的,重要的是为了欧洲和平给比利时独立制订条件。经过相互妥协,1831年英、法、俄、普、奥五国就比利时独立问题达成一致,承认比利时的独立,但它不能依附于法国,且必须保持中立地位,其独立由五大国作担保。于是欧洲协调成功地实现了领土的和平调整。

二、希腊问题

1821年希腊宣布从土耳其独立。俄国与希腊同信东正教,国内民众要求支持希腊独立的呼声很高。奥地利、普鲁士都以欧洲团结的大局说服俄国保持克制,俄皇尼古拉一世顶住压力,克制了扩张的诱惑,对希腊的起义进行了谴责。这显然是欧洲协调的规范和原则在起作用。结果是英国对希腊的支持也变得非常审慎。1827年英国、法国、俄国联合干预希腊问题,希腊独立得以成功;而同期对于中欧的独立运动,如波兰、匈牙利革命,在大国的默许下,俄国进行了军事镇压,从而维持了维也纳体系的既定安排。

三、埃及问题

19世纪30年代,埃及开始反叛宗主国土耳其,并爆发了两次土埃战争。1839年第二次土埃战争爆发,因为围绕奥斯曼帝国所构成的

"东方问题"对于欧洲列强来说异常敏感，1840年在伦敦召开五国大使级会谈。英、俄、奥、普、土五国共同签署了《伦敦协定》，英、俄、奥、普四国向土耳其苏丹保证君士坦丁堡和海峡的安全，称不会利用局势为自己谋取私利。但法国国内亲埃及势力强大，要求与英国、奥地利、普鲁士开战，总理梯也尔也不敢违背民意，宣称法国在近东具有至高无上的权威。①

在这种情况下，法王路易·菲利普解雇了梯也尔，并告知其他四国法国不想被排除在大国协调之外。四国对这一姿态迅速做出反应，最后法、英、俄、奥、普、土六国签署了《伦敦海峡公约》代替了《伦敦协定》。法国渴望重新加入欧洲协调以及其他大国的迅速同意，表明延续欧洲协调、遵守其惯例已成为相关国家界定国家利益的一部分。②

第三节　欧洲协调机制的侵蚀期

以1853年克里米亚战争为标志，欧洲协调精神受到实质性削弱。这一时期欧洲大国间连续发生了几次战争，分别是1853年的英法等国与俄国之间的克里米亚战争，1859年的法国、撒丁与奥地利的战争，1866年的普奥战争，1870年的普法战争。五大国间虽然没有同时发生战争，但都不同程度地产生了冲突，说明这一时期用战争手段解决利益

---

① 王绳祖主编：《国际关系史（1814—1871）》第2卷，世界知识出版社1995年版，第101页。

② Louise Richardson, "The Concert of Europe and Security Management in the Nineteenth Century," in Helga Haftendorn, Robert O. Keohane, Celeste A. Wallander, "Imperfect Unions: Security Institutions Over Time and Space," Oxford University Press, 1999, p.64.

冲突不是偶然现象，而大国间诉诸战争正是欧洲协调所极力避免的。

不过我们应该看到，大国协调的方式没有被抛弃，大国间冲突的程度也不是无节制的。克里米亚战争之前和期间，大国在维也纳召开了两次大使级会议，奥地利也力图调和大国之间的矛盾，但由于俄国想片面改变近东的领土现状（欧洲协调的规范所禁止的），且对警告听不进去，英法决心诉诸战争手段，奥地利因巴尔干利益同英法站在了一起，普鲁士也支持奥地利，这样欧洲协调的一根支柱——"神圣同盟"彻底瓦解了，四对一的局面也注定了俄国的失败。

1856年巴黎和会是1822年维罗纳会议之后的首次大会，签订的《巴黎和约》对俄国的处理也十分宽大，另外土耳其被纳入欧洲协调的共同保护之下，对于当时的欧洲和平是有促进作用的。巴黎和会还创立了新的欧洲协调决策程序，比如在黑海建立中立区和在阿兰群岛建立非军事化地带；创立了新的冲突解决机制，比如规定今后国与国之间如果发生严重争端，在没有动用武力之前，应视环境允许，请一友好国家出面调停。[①]

这个时期另一次影响较大的战争是1870年的普法战争，它同1866年的普奥战争一样，是俾斯麦为了德意志的统一而精心策划的战争。这次战争的后遗症要远远大于克里米亚战争。一是欧洲力量分配发生剧烈变化，法国的优势地位丧失，德国逐渐成为欧洲大陆最强大的国家，而且强行掠夺了法国的领土，这种对大国尊严的伤害，对欧洲协调产生了致命的影响，《法兰克福和约》比《维也纳和约》《巴黎和约》都要苛刻。俄国趁战争之机，迅速废除了黑海的中立化，再次造成了英国和奥地利的不安；意大利利用普法战争实现了自己的统一，从而成为欧洲的第六大国，这使得此后的欧洲局势更加复杂。

---

① 王绳祖主编：《国际关系史（1814—1871）》第2卷，世界知识出版社1995年版，第196页。

普法战争更大的后遗症是造成了欧洲领导人观念的变化。欧洲协调在德国、意大利各自的统一战争中没有起任何作用；而普鲁士的战争取得成功导致了社会达尔文主义和军国主义态度的出现；这些态度从根本上侵蚀了欧洲协调治理体系的假设、规范和惯例。① 人们忘却了拿破仑战争造成的重大损失，只看到了普鲁士战争的收益。为了欧洲的和平而自我克制的考虑日益让位于民族主义激励下的权力政治。

第四节　欧洲协调机制的恢复和消亡

　　经过了大国战争的侵蚀，欧洲协调又重新恢复。其主要表现为：1871年伦敦会议，为俄国废除《巴黎和约》的黑海中立化而召开；1878年及1884—1885年两次柏林会议，前一次讨论俄土战争的后果，后一次讨论刚果问题；1906年阿尔赫西拉斯会议讨论摩洛哥冲突的问题，1912—1913年的伦敦会议讨论巴尔干问题。这些会议使大国间的矛盾得以缓和，小国间的战争得以局部化。这当中最为人们称道的是1878年的柏林会议，大国经过协调，使俄国让出了在巴尔干和土耳其新获得的一些利益，大国间的战争得以避免。至于1899年和1907年的两次海牙会议，虽不属于欧洲协调体系，但大国的召集、参与制订议程，通过宣言和公约，其精神和欧洲协调是一致的。国际法学者饶戈平认为，在某种意义上，两次海牙会议是欧洲协调的延伸与扩展，象征着

---

① [美]霍尔斯蒂：《19世纪欧洲国际政治中的多头政治》，载[美]詹姆斯·N.罗西瑙主编，张胜军、刘小林等译：《没有政府的治理：世界政治中的秩序与变革》，江西人民出版社2001年版，第57页。

迈向现代国际组织的又一个重要步骤。① 海牙会议的会员国具有广泛性，对世界和平的关注则超越了欧洲协调。

总的来看，这一时期欧洲协调逐渐被边缘化了，它更多地表现为形式的存在，大国间共同的信念、真正的自我克制越来越少，会议外交显得软弱无力。到后来没有大国愿意出力支撑欧洲协调这个公共产品，同时大国的"胃口"也发生了变化，欧洲新的领导人不再需要欧洲协调这样的集体行动制度。他们更多地建立军事同盟、进行军备竞赛、故意制造危机、炫耀武力、喜欢单边或双边行动，而不再是自我克制、多边外交、和平协商解决危机和不断表达和平的善意。结果敌意的螺旋开始启动，各国陷入了安全困境，即使为了盟国而卷入战争也在所不惜。历史又回到了18世纪，悲剧又一次重演。"欧洲协调"变成了一个历史名词，一种过时的制度。它的再一次重生要等到世界大战的尘埃落定。

---

① 饶戈平主编：《国际组织法》，北京大学出版社1996年版。

"保护的责任"——在联合国框架内的发展

"保护的责任"这一概念首次出现于 2001 年加拿大干预和国家主权国际委员会（ICISS）提交给联合国的《保护的责任》报告中。

这一概念产生以来，由于其丰富的内涵和指涉现实的迫切性，在全球的各种行为体中都产生了很大的反响。叫好的、怀疑的和批判的声音不绝于耳，这一概念在进入不同文化语境、不同地区、不同组织的过程中，不同职业和角色的人们赋予了其不同的涵义。由于它不可避免地与许多宏大的主题产生交集，比如人权、和平与安全、人道主义援助、治理和法治、防止冲突、国际正义等，其内容的模糊性和争议性是可以想象的。可以说，"保护的责任"处于权力与责任、权利与义务、主权与人权、秩序与正义、多元与普世、理想与现实的多重张力之中。

但是这个概念要想获得普世性的认可，具有合法性的内容，走过联合国的熔炉，被过滤、锻造、应用将是其必经之路，毕竟联合国才是当今最具代表性的国际组织。

第一节 "保护的责任"概念的诞生与意义

一、"保护的责任"产生的时空背景

"保护的责任"是国际社会对历史上，尤其是 20 世纪 90 年代同类

受难的一种反思。对于20世纪发生在索马里、卢旺达和南联盟的事情，人们虽然刻骨铭心，但对于其因果的理解及其怎么办的看法却大相径庭。

在2000年联合国大会上，联合国前秘书长安南在其"千年报告"中发出了人类的经典一问："如果人道主义干预的确是无法接受的对主权的侵犯，我们又当如何回应发生在卢旺达、斯雷布雷尼察和违反我们共同人类原则的公然、蓄意侵害人权的事件呢？"①

面对秘书长带有良知的责问，加拿大政府会同一批主要的基金会，于2000年9月在联合国大会上宣布成立独立的干预和国家主权国际委员会，努力回应安南秘书长提出的要求，提交了一份以有助于秘书长和每个人找到某种新的共同基础的报告，以便国际社会做出努力，就如何在大规模侵犯人权和违反国际法的行为面前作出反应的问题达成新的国际共识。

经过12位委员一年的艰苦努力，以及200多位不同业界代表的参与，这份报告终于在2001年9月正式出笼。

二、"保护的责任"的含义

在《保护的责任》报告中，"保护的责任"是指主权国家有保护本国公民免遭可以避免的灾难的责任，但当主权国家不愿或者无力使本国公民免遭可以避免的灾难时，更广泛的国际社会要承担这一责任。②该报告鉴于"人道主义干预"在历史上的争议性，而放弃了这一概念，

---

① 《保护责任：谁负责保护弱势民族？》，联合国官网，https://www.un.org/zh/preventgenocide/rwanda/responsibility.shtml。

② "Responsibility to Protect," UN, https://www.un.org/en/genocideprevention/about-responsibility-to-protect.shtml.

但其本质是一脉相承的。

虽然《保护的责任》报告承认，对责任的性质和范围需要进行透彻地讨论，也需要讨论有关责任由谁承担、由谁授权，以及何时、何地和如何进行等问题。报告还提出了一些核心原则，这当中有两条基本原则至关重要：

第一，国家主权意味着责任，保护本国人民是国家本身的职责。

第二，一旦人民因内战、叛乱、镇压或国家陷于瘫痪，而且当事国不愿或无力制止或避免人民遭受严重伤害时，不干预原则要服从于国际保护责任。①

在此基础上，该报告谈到了最敏感的军事干预原则，分析了正确的授权问题，其中有两点引起了极大的争议：

第一，安理会五个常任理事国应该达成一致意见，当事件不影响其本国切身利益时不行使否决权，在通过授权进行为保护人类目的的军事干预的决议，且该决议得到大多数国家支持时，不得横加阻挠。

第二，如果安理会拒绝有关决议，或者未在合理的期限内审议此事，则可以选择其他替代方案。一是依照"联合一致共策和平"的程序召开联合国大会紧急特别会议审议此事；二是地区或分地区组织根据宪章第八章规定，在管辖区内采取行动，随后必须请求安理会予以授权。②

这些都直接挑战了《联合国宪章》的多项条款，比如主权平等原则、禁止使用武力原则和不干涉内政原则，出现了中止某些国家主权的现象，危及了安理会的权威性，甚至有了绕开联合国，进行体制外行动

---

① "Responsibility to protect," UN, https：//www.un.org/en/genocideprevention/about-responsibility-to-protect.shtml.

② "Responsibility to protect," UN, https：//www.un.org/en/genocideprevention/about-responsibility-to-protect.shtml.

的设计。

《保护的责任》报告虽然把"保护的责任"分成了三个方面：预防的责任、干预的责任和重建的责任，并强调预防的责任是"保护的责任"中最重要的责任，但实际上重视的还是干预。《保护的责任》报告确实是着重于军事干预的，尽管它声称预防的责任是最重要的一环，然而在85页的报告中只用了9页写预防的责任，预防的责任和重建的责任两个问题加起来才16页，而干预的责任则用了32页。①

针对《保护的责任》报告，巴西常驻联合国代表瓦尔蒂提出了"保护中的责任"，一字之差，触及了该报告存在的严重缺陷。中国学者黄瑶认为，"保护的责任是在人道主义干涉的合法性无法获得认可的情况下，通过赋予国家主权概念以新的内涵而形成的一个新理论（也称概念或原则）"②，"保护的责任不构成禁止使用武力原则的例外，保护的责任不是条约法规则，不构成国际习惯法的一部分，不是一项国际法规范"③。

阮宗泽则提出了"负责任的保护"概念，更是令人耳目一新，体现了中国官方的关切。阮宗泽的"负责任的保护"具体内容如下：

第一，要解决对谁负责的问题。要对目标国的人民负责，对地区的和平稳定负责。保护的对象应该是无辜平民，而不是特定的政治派别或者武装力量。这样的保护才是正当和善意的，才是真正意义上的保护。

第二，何谓"保护"实施者的合法性。承担对本国公民保护责任的，首先是本国政府。除此之外，安理会才是实施"人道主义干预"

---

① Alex J. Bellamy, "Global Politics and the Responisibility to Protect: From Words to Deeds," Abingdon: Routledge, 2011, pp. 19 – 20.

② 黄瑶：《从使用武力法看保护的责任理论》，《法学研究》2012年第3期，第195页。

③ 黄瑶：《从使用武力法看保护的责任理论》，《法学研究》2012年第3期，第206—207页。

的合法主体，其他任何国家都没有这种权利，更没有这个法律地位。

第三，严格限制"保护"的手段。实施保护的前提，必须是穷尽了外交和政治解决的手段。外交努力等非军事化途径虽耗时较长，但效果更持久，副作用更小。反之，动辄使用武力，不仅会造成大量无辜平民的伤亡，更会为被"保护"国家或地区带去严重的基础设施损毁，导致国民经济的巨大倒退，最终加剧人道主义灾难，让被"保护"对象长时间处于艰难的灾后重建中。

第四，明确"保护"的目标。正如"不能以治病的名义杀人一样"，保护的目标必须有利于减轻人道主义灾难，绝不能因为保护而造成更大的人道主义灾难，更不能成为推翻一国政权的借口，以"保护"之名，行"干涉"之实。

第五，需要对"后干预""后保护"时期的国家重建负责。绝不能打完就走，给被"保护"的国家和人民留下一个难以收拾的烂摊子。

第六，联合国应确立监督机制、效果评估和事后问责制，以确保"保护"的实施手段、过程、范围及效果。[①]

英国学者詹姆斯·帕蒂森从国际法的角度，紧紧围绕着"该由谁来干预"进行了深入的研究，他的结论是：需要安理会授权，表明的仅仅是"保护的责任"实施者需要遵循的程序，但并没有表明哪一个特别的行为体具有"保护的责任"。经过有效性和合法性等多角度的分析，他认为北约和区域组织最适合担当"保护的责任"实施者。[②]

吉林大学留学生西奥·拉莫诺在他的博士学位论文中，以历史发展的脉络，把"保护的责任"放在主权与人权的消长中进行了解读，很

---

① 阮宗泽：《负责任的保护：建立更安全的世界》，《国际问题研究》2012年第3期，第21页。

② James Pattison, "Humanitarian Intervention and the Responsibility to Protect," Oxford University Press, 2010, pp. 245 – 255.

有启发意义（见表1）。

表1 主权和人权的关系

原因	制度协定	主权和人权
欧洲三十年战争（1618—1648年）	《威斯特伐利亚和约》	·主权＝控制领土的绝对权利 ·人权由主权严格限定
第一次世界大战和第二次世界大战	《联合国宪章》 ·《世界人权宣言》 ·《经济、社会与文化权利国际公约》 ·《公民权利和政治权利国际公约》	·主权＝保护本国公民的权利 ·特定的人权内容是与国际体系绑在一起的 ·通过安理会的集体行动实现
大规模暴行	联合国首脑会议文件 《保护的责任》报告	·主权＝保护本国公民的责任 ·主权＝国家的责任 ·保护本国和他国的公民 ·外部军事干预的合法化 ·没有安理会授权的行动

资料来源：Theo Ramonono, "Responsibility to Protect：The Paradigm Shift of International relations on Sovereignty and Human Rights," 吉林大学2013年硕士学位论文。

第二节 联合国大会与"保护的责任"

联合国大会是反映国际民意的机构，《联合国宪章》关于大会的职权规定，主要体现在第四章第十条至第十七条，其中第十一条认为，"（1）大会得考虑关于维持国际和平及安全之合作之普通原则，包括军缩及军备管制之原则；并得向会员国或安全理事会或兼向两者提出对于该项原则之建议。（2）大会得讨论联合国任何会员国或安全理事会或非联合国会员国依第三十五条第二项之规定向大会所提关于维持国际和平及安全之任何问题；除第十二条所规定外，并得向会员国或安全理事会或兼向两者提出对于各该项问题之建议。凡对于需要行动之各该项问题，应由大会于讨论前或讨论后提交安全理事会。（3）大会对于足以危及国际和平与安全之情势，得提请安全理事会注意"。

结合《联合国宪章》的授权，我们来分析"保护的责任"是怎样在联合国大会展开激烈争论，并逐渐达成共识的。

一、干预和国家主权国际委员会提出的"保护的责任"

在联合国经过激烈的争论后，"保护的责任"的内涵逐渐收窄，到2005年，联合国大会发表《2005年世界首脑会议成果》，标志着国际社会围绕着该概念达成了最"稀薄"的共识，这也是目前为止，世界上关于"保护的责任"最权威的国际文件，其内容体现在《2005年世界首脑会议成果》的第138段和139段，将"保护的责任"的适用范围进行了严格的限定，同时也否定了关于在联合国以外采取保护行动的设计。

对此，中国外交部条法司原司长黄惠康认为，2005年在国际社会达成共识的"保护的责任"有四点核心要素：第一，对本国公民的保护责任，首先是本国政府；第二，所谓"保护的责任"，它的使用范围仅限于四种最严重的国际罪行，即灭绝种族、战争罪、族裔清洗和危害人类罪，也就是说只有发生这四种严重侵犯，或者严重违反国际法罪行，本国政府又不愿或者没有能力行使保护权的时候，方可使用；第三，国际社会可以进行适度干预来行使"保护的责任"；第四，如果涉及使用强力或者武力，还要有安理会授权。[①]

[①] 《调查委员会：效忠卡扎菲和反对卡扎菲的部队均犯下严重罪行》，联合国官网，2012年3月2日，https：//news. un. org/zh/story/2012/03/169292。

二、2009 年以来，联合国大会关于"保护的责任"的辩论与决议

从 2009 年 7 月 23 日开始，联合国大会围绕着潘基文秘书长《履行保护的责任》的报告展开辩论。报告中指出了"保护的责任"的三大支柱：一是每一个国家均有责任保护其人民免遭灭绝种族、战争罪、族裔清洗和危害人类罪之害；二是国际社会应协助各国通过能力建设来履行这一责任，并帮助那些处于紧张状态下、危机一触即发的国家；三是若有关国家当局显然无法保护其人民免受这四种罪行时，国际社会应采取及时、果断的行动，承担起"保护的责任"。

多数国家认为非洲联盟（简称非盟）对"保护的责任"的形成和推进起了重要作用。虽然这一概念最早来自西方社会，与正义战争理论、自然法则、社会连带主义和人道主义干预一脉相承，但目前强调这一概念的作用，并不完全是西方把自己的政治意愿强加给其他国家。卢旺达事件是产生这一概念的重要诱因，非洲地区的安全形势让非盟对人道主义灾难有切肤之痛，所以提出了从不干预到不漠视的转变，接受了"保护的责任"概念，说明这一概念不仅仅是属于西方的。2000 年《非洲联盟宪章》第四条（h）款规定，根据非盟首脑会议决定，非盟有权干预战争罪行、种族灭绝罪行和反人类罪行；在第四条（j）款里规定，非盟成员国为了恢复国内和平与安全有请求联盟进行干预的权利。①

自 2003 年以来，非盟相继对布隆迪危机、苏丹达尔富尔地区冲突、多哥政治危机、科特迪瓦内乱、索马里内战等多起冲突和战争进行了直

---

① 《非洲联盟宪章》，可参见 https：// au. int/sites/default/files/pages/34873 - file - constitutiveact_en. pdf。

接的介入和干预，对防止这些冲突的失控，促成冲突的早日解决起到了一定的作用。

在 2009 年的联合国大会一般性辩论中，94 个国家代表发言，阐述了对"保护的责任"概念的理解及关切重点。其中只有古巴、委内瑞拉、苏丹和尼加拉瓜呼吁重新讨论 2005 年的协议。而拉美、亚洲和撒哈拉以南非洲等地区的国家欢迎秘书长的报告，并强调了六点：

第一，"保护的责任"是个普遍的概念，应该不加选择地公平地实施；第二，"保护的责任"最首先、最重要的在于各国国内保护的责任；第三，"保护的责任"只能用于那四种特定的罪行及其预防，任何试图扩大"保护的责任"范围的做法都会阻碍这一原则的实施；第四，"保护的责任"的实施和执行要与国际法和《联合国宪章》的原则相一致，不结盟运动特别强调，"保护的责任"深深植根于现存国际法，不能用来使单边干预合法化；第五，"保护的责任"第三个支柱不是只有强制手段或使用武力，应该重点看到第六章和第八章中的和平手段；第六，预防是"保护的责任"最重要的部分。①

可见非西方国家对于"保护的责任"实施的范围、主体、手段、授权有着很多隐忧，很多原则性问题依然需要讨论澄清。

在辩论中，关于安理会角色的讨论是最引人关注的。尽管少数国家，如委内瑞拉、苏丹认为，联合国大会应该承担起对"保护的责任"各个方面的裁判权，因为大会是最具代表性和公平性的。但大多数国家认为，"保护的责任"最有争议的问题在于安理会的角色和其对武力的使用。巴基斯坦、古巴、斯里兰卡等国家担心"保护的责任"会为未经授权的强制行动提供合法性。另有 35 个国家指出，当某一国显然无法保护自己的人民免受这四种罪行时，安理会要采取行动，而常任理事

---

① Alex J. Bellamy, "Global Politics and the Responsibility to Protect: From Words to Deeds," Abingdon: Routledge, 2011, p. 44.

国应该放弃使用否决权。

2009年7月24日，中国常驻联合国代表团副代表刘振民大使在联合国大会关于"保护的责任"问题全会上的发言中指出，"保护的责任"迄今还只是一个概念，尚不构成一项国际法规则，因此，各国应避免将"保护的责任"作为向他国施压的外交手段。"保护的责任"能否得到各国一致接受、能否真正有效履行，还需要在联合国或有关区域组织内进一步探讨。但安理会必须根据具体情况判断和处置，并应慎重行事。需要指出的是，《联合国宪章》赋予安理会的职责是维护国际和平与安全，其采取行动的前提是发生了构成"对和平的威胁、对和平的破坏及侵略行为"。安理会应将"保护的责任"放在维护国际和平与安全的大框架内一并考虑，防止其被滥用。

这次辩论总体上非常成功，获得了积极的评价。它再次确认了2005年成果文件中的"保护的责任"原则，强调了安理会的唯一性。但是对于富有争议的问题，如干预的起点标准、安理会的选择权及否决权，仍然没能达成一致，需要进一步讨论。

2009年9月14日，第63届联合国大会通过了其第308号决议，这是大会第一次通过对"保护的责任"的决议，该决议注意到秘书长的报告及随后富有成果性的联合国大会一般性辩论，大会决定继续考虑"保护的责任"问题。

2010年8月9日，联合国大会举行了"早期预警、评估和保护的责任"非正式互动对话，讨论2010年7月14日秘书长潘基文对此议题的报告。这次互动对话是联合国大会一般性辩论的继续，共有42个成员国、2个区域组织代表、2个公民社会代表在对话中发言。讨论集中在联合国系统如何更好地采集和分析信息，做出政治选择并进行早期介入。而信息的准确性、真实性尤其值得重视，应从多个可靠渠道获取信息，如从联合国机构、项目、执行的地面任务和公民社会中获得。

2011年7月12日，联合国大会举行了关于"履行保护的责任中区域和次区域安排的重要性"非正式互动对话，讨论潘基文6月27日在此议题上的报告，这是联合国大会关于"保护的责任"的第三次会议，共有43个成员国、3个区域组织代表和4个公民社会代表参加了这次会议，他们认识到区域组织在预防和阻止大规模暴行方面的独特作用，并提及区域组织、次区域组织和安理会之间应该加强合作，包括交流所得的经验、获得的预警信息，以及在制裁和惩罚性措施方面给予相互协调。尽管利比亚事件导致一些人对"保护的责任"的反对，并要求重新商议这一概念，但大多数成员国还是继续支持"保护的责任"，并对其进一步执行提出建设性意见，对北约使用武力执行第1973号决议表现出极大关注。

2012年9月5日，联合国大会举行了关于"保护的责任：及时果断的反应"的非正式互动对话，讨论潘基文8月20日在此议题上的报告。该会议共有56个成员国、1个区域组织、2个公民社会组织参加。他们欢迎秘书长的报告，再次确认了"保护的责任"三个支柱之间不分先后、相互支持的特性，以及"保护的责任"的范围限定在特殊的四种罪行内。有些国家对"保护的责任"的执行问题存在担心，包括安理会有选择性地应对那四种罪行的威胁，以及"保护的责任"不应该作为改变政权的工具。还有代表团批判第1973号决议的执行者超越了决议的范围。部分国家再次提到了安理会操作"保护的责任"的作用，呼吁在"保护的责任"问题上常任理事国放弃使用否决权，还有国家提到应该加强对安理会决议的评估和监督。会议上，一些国家赞同巴西政府提出的"保护中的责任"这个新概念，强调实施保护过程中的相称性、责任性，这实际上是对利比亚战争中暴露出的不负责任、缺乏问责的现象进行的反思。①

联合国大会的一般性辩论和非正式互动对话加强了各国对"保护的责任"的理解，也促进了这一概念在联合国系统内的发展。学者罗艳华将世界各国对"保护的责任"的态度分为了三类：第一类是非常支持的国家，如中等发达国家和地区，如英国、法国、德国、加拿大、澳大利亚、西班牙、北欧等，再加上政局比较稳定的非洲国家；第二类是持保留态度并提出建设性意见的国家，大部分国家都属于这一类，如美国、日本、中国、巴西、印度尼西亚等；第三类是极力反对的国家，如古巴、委内瑞拉、苏丹、尼加拉瓜、斯里兰卡等。②

第三节 秘书长与"保护的责任"

《联合国宪章》对于秘书长职能的规定，主要体现在第十五章第九十七条至第一百零一条里，第九十九条赋予了秘书长特别政治权力，"秘书长需将其所认为可能威胁国际和平及安全的任何事件提请安全理事会注意"。③

"保护的责任"从催生、扩散，到矫正、实施，都离不开联合国秘书长的努力。而且秘书长需要具有高度智慧，在不同版本的"保护的责任"解读中，抓住共识，维护共识，谨慎地推动实施。

---

① "International Coalition for the Responsibility to Protect," https://www.globalr2p.org/international-coalition-for-the-responsibility-to-protect/.

② 罗艳华、张俊豪：《"保护的责任"发展历程及其实施所面临的问题》，中国人权网，http://www.humanrights.cn/cn/zt/tbbd/3bjlt/6/t20101012_657688.htm。

③ 《联合国宪章》第十五章第九十九条。

一、安南与"保护的责任"

安南是联合国的第 7 任秘书长，1997—2006 年在任。由于他的突出表现，在 2001 年被授予诺贝尔和平奖。正是他在 2000 年联合国大会上呼吁国际社会在人道主义干预问题上达成共识，《保护的责任》报告则是交给他的一份有全球影响的作业。

安南于 2003 年 11 月成立了一个联合国改革问题高级别名人小组（威胁、挑战和变革高级别名人小组），广泛听取各方意见，讨论改革问题。2004 年 12 月 2 日，这个小组起草的报告——《一个更加安全的世界：我们共同的责任》出炉，就联合国改革问题提出了广泛建议。

这份报告参考了各成员国政府、学界、民间社会等已提出的各种改革建议，建议触及联合国改革最核心的实质问题。在不少内容上，反映了安南的改革思路。该报告所提出的新的集体安全观无疑是对单边主义的制约；提出的使用武力标准既照顾了主权原则，又考虑到实际的需要；对安理会改革提出的两个扩大方案也尽可能地照顾到各方利益的平衡和各方的意见分歧。

由于该报告是联合国对其权威受到严峻挑战所做出的直接而全面的反应，而且小组成员的背景不凡，都曾是国际舞台上叱咤风云的重量级人物（其中包括时任中国副总理钱其琛），因此，该报告一公布，就引起了国际社会的广泛关注。

这份报告接受了"保护的责任"概念，还提出了必须考虑的五个正当性基本标准：威胁的正当性、正当的目的、万不得已的办法、相称的手段、权衡后果。另外，这份报告强调安理会是有权做出干预决定的唯一机构，拒绝任何体制外的选项，这是为了修复 2003 年美国绕开安理会入侵伊拉克给联合国造成的重创，重新强调和保护联合国集体安全体系的有效性。

2005年3月21日，安南在第59届联合国大会会议上发表题为《大自由：实现人人共享的发展、安全和人权》的报告，对上述两个涉及"保护的责任"的报告给予了肯定。他指出，联合国必须承担起"保护的责任"，并且在必要时采取行动。如果发现这些方法仍然不够，安理会可能不得不决定根据《联合国宪章》采取行动，包括必要时采取强制行动。他强调，保护本国人民是国家的首要责任，如果国家不愿或不能这么做，那么这一责任就落在国际社会肩上。这是联合国秘书长首次正式将"保护的责任"传达给各国，并提请各国认真考虑。

二、潘基文的持续推动

潘基文是联合国的第8任秘书长，2007年开始了第一个任期，并在2012年成功连任。潘基文是"保护的责任"的坚定推动者，首先他清晰地界定，对于联合国及其成员国来说，"保护的责任"就是《2005年世界首脑会议成果》文件中第138段和139段中的内容，不会更多，也不会更少。其次，他重视行动，希望联合国少说溢美之词，多做些实事。最后，他积极推动联合国大会展开关于"保护的责任"的讨论，为达成广泛的共识并落实行动做准备。从2009年开始，潘基文每年都发表一份相关报告，2009年的《履行保护的责任》，2010年的《早期预警、评估和保护的责任》，2011年的《履行保护的责任中区域和次区域安排的重要性》，2012年的《保护的责任：及时果断的反应》，2013年的《保护的责任：国家的责任和预防》，每份报告都引起了成员国和民众的关注，推动了非正式的互动对话，为"保护的责任"的普及和发展作出了贡献。

在机构设置方面，潘基文在联合国内部设置专门事务官员，负责

"保护的责任"的执行。2007年，弗朗西斯·登被任命为防止灭绝种族罪行特别顾问；2008年2月，爱德华·勒克被任命为"保护的责任"问题特别顾问，负责领导"保护的责任"在概念、政治和机构方面的进一步发展并执行"保护的责任"。为了提高效率，两名特别顾问联合办公，合并其职能和活动。

第四节　国际法院与"保护的责任"

国际法院是联合国的主要机关，它依照国际法解决各国向其提交的法律争端，并就正式认可的联合国机关和专门机构提交的法律问题提供咨询意见。这一点正如著名的国际法学家何塞·阿尔瓦雷斯指出的，当联合国各机构在解释上出现意见分歧时，就如同任何其他条约发生分歧一样，可以将争端提交国际法院解决。①

所以国际法院对于"保护的责任"也有一定的解释权，不管这种解释是直接的还是间接的，不管其解释的效力有多大。结合国际法院过去的相关条约和司法实践，我们可以找到国际法院在法律层面对"保护的责任"的呼应之处。比如，国际法院对1966年西南非洲诉讼案、1993年波黑诉塞尔维亚和黑山《防止及惩治灭绝种族罪公约》适用案、2001年《国家对国际不法行为的责任条款草案》、2008年格鲁吉亚诉俄罗斯《消除一切形式种族歧视国际公约》适用案等。宋杰认为，无论是《防止及惩治灭绝种族罪公约》适用案中关于公约当事国预防灭种义务的论述也好，还是《消除一切形式种族歧视国际公约》适用案

---

① ［美］何塞·阿尔瓦雷斯著，蔡从燕等译：《作为造法者的国际组织》，法律出版社2011年版，第112页。

中关于国家预防种族歧视义务的论述也好，都属于"保护的责任"中预防责任的内容。法院的这一实践，与干预和国家主权国际委员会的见解保持了一致性，因为《保护的责任》报告中强调预防的责任属于优先考虑事项，法院通过上述回应，实际上把联合国在政治范围内所强调和呼吁的"保护的责任"，特别是"预防的责任"，演变为一种法律上的规范。①

第五节　安理会与"保护的责任"

安理会在联合国权力大厦中居于核心地位，"保护的责任"的落实离不开安理会的认可与授权，这包括了预防的责任、反应的责任和重建的责任，可以说安理会是"保护的责任"的把关人，确保它在《联合国宪章》框架内的推广和落实。

根据《联合国宪章》的设计，安理会在联合国体系中享有特别重要的职权，它的决议对所有会员国具有约束力。联合国大会的主要职权是审议性的，而安理会的职权是执行性的。它是联合国组织体系中唯一有权采取行动来维持国际和平与安全的机关。它的具体职能有很多②，其中维持和平与制止侵略、可以采取必要的武力行动以维持或恢复国际和平与安全最为大家所看重。

《联合国宪章》第四十二条赋予安理会对武力执行行动的垄断权，在联合国框架内，唯有安理会才有权通过授权使用武力，大会在非经安

---

① 宋杰：《"保护的责任"：国际法院相关司法实践研究》，《法律科学（西北政法大学学报）》2009 年第 5 期，第 63 页。

② 梁西：《梁著国际组织法》，武汉大学出版社 2011 年版，第 118—125 页。

理会请求的情况下,是不能授权会员国采取军事行动的。根据《联合国宪章》的条文可以推断出,在武力干预的判断标准等方面,除了安理会、会员国、大会或是国际法院等联合国机构,都不具有解释权。

但是安理会在断定是否存在对国际和平与安全的威胁方面具有相当大的弹性,这一点正如澳大利亚天主教大学西弗卡克教授指出的那样,一方面是不存在对安理会的决策进行司法审查的权力,另一方面是安理会对其决定无需给出理由。①

安理会一直努力按照《联合国宪章》的精神理解、支持"保护的责任",把"保护的责任"纳入安理会的框架也是当前国际社会的最佳选择。这是由联合国本身的优势和历史继承性所决定的。脱离安理会框架,"保护的责任"只能沦为清谈,或者成为某些力量谋取私利的工具。

一、"保护的责任"在安理会首开纪录

安理会在实践中第一次援引"保护的责任"这一概念是在2006年4月28日,就武装冲突中平民的保护问题所作的第1674号决议。决议第4段重申《2005年世界首脑会议成果》文件第138段和第139段关于保护平民免遭灭绝种族、战争罪、族裔清洗和危害人类罪之害的责任的规定。

二、达尔富尔问题

2006年8月31日,安理会通过了第1706号决议,该决议认为,达

---

① Spencer Zifcak, "The Responsibility to Protect," in Malcolm D. Evans, ed., "International Law," Oxford University Press, 2010, p. 524.

尔富尔问题构成了对苏丹共和国、乍得和中非共和国的区域安全威胁。该决议应非盟的请求，决定在达尔富尔地区部署联合国苏丹特派团，以增援非盟的特派团，监测并核查各方执行《达尔富尔和平协议》停火部分的执行情况，并在2006年底将非盟的行动转变为联合国的行动。授权部署一支17300人的维和部队进驻达尔富尔，该决议同样引用了"保护的责任"及第1674号决议。然而，这项命令遭到了苏丹政府的拒绝，维和部队未能成功部署。中国、俄罗斯在表决中投了弃权票。

2007年7月31日，安理会第1769号决议获得一致通过，决议授权在达尔富尔部署一支联合国与非盟共同部队，保护平民，这支部队花了近两年时间才部署完毕。2010年安理会延长了这一行动的任务期间。

三、缅甸问题

2007年1月12日，安理会讨论美英提出的缅甸问题决议草案，该决议指责缅甸国内存在人权、艾滋病、毒品等问题，并对地区安全造成威胁，要求缅甸政府尽快改善国内状况，否则将面临更大压力和严重后果。中国和俄罗斯投了反对票。

中国常驻联合国代表王光亚在表决前做解释性发言时表示，缅甸问题本质上仍是一国内政，缅甸国内局势并未对国际与地区安全与和平构成威胁。这是缅甸所有直接邻国、东南亚国家联盟（简称东盟）成员和绝大多数亚太国家的共识。《联合国宪章》赋予安理会的主要职责是维护国际和平与安全。安理会强行介入缅甸问题不仅逾越安理会职责，而且无助于联合国其他机构对缅甸问题进行正常讨论，更不利于联合国秘书长开展斡旋活动。

四、肯尼亚大选暴乱

2007年12月，肯尼亚举行了总统选举。结果公布后，反对党表示计票过程中存在舞弊现象，要求对全部选票重新进行统计，但遭到选举委员会拒绝，之后肯尼亚多处地区发生暴力冲突，造成1000多人死亡，约30万人无家可归。2008年2月6日，安理会一致通过主席声明，对肯尼亚暴力活动猖獗表示严重关切，呼吁肯尼亚领导人通过对话和协商来解决这场因选举争端而引发的危机。安理会要求联合国秘书长潘基文就如何进一步促成调解肯尼亚危机，以及危机对该地区和联合国的活动带来的影响提交一份报告。

同时，秘书长办公室、秘书长关于防止灭绝种族罪行特别顾问等联合国官员都发表声明呼吁尽一切可能防止惨案发生；法国外交和欧洲事务部长贝尔纳－库什内向安理会呼吁，以"保护的责任"名义对肯尼亚暴乱采取行动；以联合国前秘书长安南为首的非盟知名人士小组参与了对肯尼亚的调解斡旋。正是由于这些外交努力，肯尼亚的两个领导人才做出让步，避免肯尼亚局势陷入更糟糕的境地，国际社会这次迅速协调的反应，被认为是"保护的责任"下外交行动的典范。

五、缅甸风灾

2008年5月3日，热带风暴纳尔吉斯重创缅甸多个省份，造成超过13万人死亡和失踪，150万人流离失所，缅甸政府反应迟缓。同年5月7日，法国外交和欧洲事务部长贝尔纳－库什内提出，鉴于缅甸灾情严重，法国建议安理会援引联合国框架下关于"保护的责任"的概念，可以不经缅甸政府同意，直接将救援物资送到灾区，以防缅甸发生大规模的人道危机。最终，库什内的提议遭到了中国和东盟的拒绝，原因是"保护的责任"不适用于自然灾害。这次行动表明，不能任意扩大"保护的责任"的范围，否则将破坏好不容易达成的共识。但也正因为各国对"保护的责任"能否用于自然灾害的讨论，使得缅甸政府倍感压力，担心引来外国干预，最终勉强接受了国际援助。

六、科特迪瓦暴力冲突

2011年3月30日，为了应对科特迪瓦选举后不断升级的暴力冲突，安理会15国一致通过了第1975号决议。决议重申每个国家负有保护平民的主要责任，要求科特迪瓦立即停止针对平民，包括妇女、儿童和境内流离失所者实施的暴力行为，敦促科特迪瓦各方以及所有利益攸关方尊重科特迪瓦人民的意愿，接受瓦塔拉当选总统的事实。

七、利比亚危机

2011年3月17日，安理会通过了第1973号决议，该决议决定在利比亚设立禁飞区，要求有关国家采取一切必要措施保护利比亚平民和平民居住区免受武装袭击的威胁，但不包括派遣地面部队占领。中国、俄罗斯、巴西、印度、德国在此决议上投了弃权票，没有阻拦决议的通过。

中国外交部发言人姜瑜在2011年3月29日的例行记者会上表示："我们反对在国际关系中使用武力，对决议中的一些内容是有严重保留的。考虑到阿拉伯国家和非盟的关切和立场以及利比亚当前的特殊情况，中方和有关国家一道对决议投了弃权票，没有阻拦决议的通过。"[①]

---

① 《外交部就安理会通过利比亚问题第1973号决议答问》，中国政府网，2011年3月18日，http://www.gov.cn/gzdt/2011-03/18/content_1827136.htm。

后来北约 15 国加上瑞典、约旦、卡塔尔、阿拉伯联合酋长国对利比亚进行了空袭，为利比亚反对派提供支持，介入利比亚的内战，并支持改变政权。

利比亚危机是安理会第一次根据"保护的责任"授权集体安全行动，2011 年也被人们称为"保护的责任"年。但是北约任意扩大对安理会决议的解释，参与了推翻卡扎菲政权的战争，严重偏离了"保护的责任"的应有之义，从而使利比亚战争成为一次备受争议的"保护的责任"行动，加深了国际社会关于"保护的责任"看法的裂痕，增加了安理会授权集体行动的难度。

八、叙利亚危机

2011 年以来，在叙利亚危机问题上，安理会成员国始终难以达成一致，这是一次难产的"保护行动"。2011 年 10 月 4 日、2012 年 2 月 4 日、2012 年 7 月 19 日、2014 年 5 月 22 日，中俄联手四次否决了西方提交的关于叙利亚问题的决议草案。这都是利比亚战争的后遗症，中俄不想让叙利亚成为第二个利比亚，中俄对于安理会的武力使用授权更加审慎。

第六节　结论："保护的责任"
——一个被不断构建的概念

从以上"保护的责任"发生、发展、实践与被联合国不断矫正的历史中，我们可以得出初步的结论："保护的责任"无论从政治上、法律上，还是程序上都远未达成一致。它从区域理念一路走来，努力普及、扩散、上升，力图成为世界层面的新规范。它确实来源于西方深厚的文化土壤，有着很强的生命力，反映了人类的理想和现实关切，尤其是世界政治从权力政治到权利政治演变的大趋势。但是要在安理会甚至联合国大会达成共识，并使其具有可操作性，并不是一朝一夕的事情，强行推广将使其水土不服，假保护之名，行干涉之实，更会败坏"保护的责任"的名声，使人们把它等同于新干涉主义。

不管安理会的效力和代表性多么遭人诟病，一场抛开安理会，另起炉灶的革命，其代价将是昂贵的，此处或许用得着英国保守主义的精神，审慎、渐进的改良更能达至人类的愿望，创造"不那么坏"的世界，而乌托邦式的实验将可能通往"奴役之路"。

国际体系、国际联盟与集体安全[*]

世界大战结束之后成立的普遍性国际组织，其宗旨是减少武器数量和平息国际纠纷。作为集体安全的一次制度试验，国际联盟始终没有获得大国的真正认同，没能有效地改变国际社会的无政府状态。虽然关于其失败的原因众说纷纭，但谁也不能忽视它在国际组织发展过程中的地位。在国际联盟，国际法和国际道德的地位得到前所未有的提升。正是在其经验教训的基础上，人类建立了联合国体系。因此，分析国际联盟失败的案例，可以使我们认识到联合国的不足和国际制度的缺失。

第一节 国际联盟建立初期的世界权力分配

国际联盟建立之时，美国的 GDP 总量已经位居世界第一，也是世界上军费开支最多的国家。而此时的英、法、德、意、苏等国，大体上呈现实力均衡的状态。1920 年，各个大国占据世界财富的相对份额分别为：美国 62%，英国 16%，德国 14%，法国 5%，日本 2%，苏俄

---

[*] 本文发表在《中共中央党校学报》2010 年第 5 期。

1%，意大利1%。①

第一次世界大战的爆发说明，欧洲的权力结构无法解决自己的秩序与安全问题，必须借助欧洲以外，主要是美国的力量，才能恢复均势。这就注定了战后欧洲的秩序必须反映全球的权力分配。而凡尔赛体系与当时的世界权力分配不相符合，没有反映实力超群的美国的国际地位。当然，这时谈论美国主导下的世界秩序还为时过早。英国、法国本身具有庞大的殖民体系用来补充其实力，德国、苏俄的潜力也非常巨大。这种不稳定的国际结构注定了建立其上的国际联盟面临尴尬局面。

对于国际联盟，在当时的7个大国中，美国主动放弃加入，德苏则不被允许加入。加入国际联盟的英、法、意、日成为国际联盟行政院的常任理事国。按理说，它们应该成为制度的维护者。但是，意大利、日本觉得自己获利太少而耿耿于怀。获利最多的英国和法国，则彼此猜忌。英国重均势甚于集体安全，法国视个体安全高于集体安全。它们幻想利用国际联盟来维持欧洲的现状，却无法同时对抗如此之多的、充满敌意的大国，也无力同时绥靖这么多的大国。因此，从权力结构上讲，国际联盟没有反映出大国的权力分配；从观念结构上看，多数大国并不认同，甚至反对国际联盟。

第二节　第一个10年：国际联盟试图改变国际社会的无政府状态

从法理上讲，国际联盟非常有吸引力。但是，一接触到现实的国际

---

① ［美］约翰·米尔斯海默著，王义桅、唐松译：《大国政治的悲剧》，上海人民出版社2003年版，第294页。

政治，要发挥作用就困难重重。通过国际联盟盟约的再解释，会员国先行去掉盟约的强制性条款，使得集体安全的基础不复存在。

一、国际联盟盟约的再解释

国际联盟成立不久，会员国围绕支撑集体安全的《国际联盟盟约》第十条和第十六条展开激烈争论。许多会员国认为，这两条所赋予的义务过重。于是，1921年的国际联盟大会对《国际联盟盟约》第十六条一连通过19次解释决议，强调违约国的单方行动并不构成战争，只给予其他会员国经济制裁违约国的权利；断定违约情事是否发生，是各个会员国自己的事。1923年的国际联盟大会对《国际联盟盟约》第十条的解释决议的理解是，保持各个会员国的领土完整和政治独立，由会员国自行决定使用军队履行其义务的限度；理事会遇有侵略或侵略危险而建议采取军事措施，需要斟酌各个国家的地理位置与特殊情况。既然各国同意作出上述修改，说明它们不再承担经济制裁和以武力抵制侵略的责任。《国际联盟盟约》修改至此，等于宣判国际联盟集体安全制度的"死刑"。接下来，国际联盟所能做的，就是使用非强制性的方法，促进争端的和平解决。对于遏制发动侵略战争的国家来说，这是无济于事的。

二、和平解决国际争端

国际联盟历史上的第一个10年，也曾有成功调解国际争端的记录，时间集中在1920—1924年，主要是欧洲小国之间的领土争端：瑞典与芬兰之间的奥兰群岛的归属问题，波兰与立陶宛之间的维尔纳问题，德国与波兰之间的上西里西亚问题，立陶宛的默麦尔自治问题，匈牙利与邻国的边界问题，希腊与保加利亚的边界争端等。调解这些争端，无关世界和平的大局，但一定程度上缓和了国际社会、尤其是欧洲地区的无政府状态。

三、裁军

国际联盟力图从裁军方面减少国家暴力。可惜只是由强国提出裁军建议，因为它们对现状感到满意①。对于裁减对象是否包括潜在的军备，是重质，还是重量？裁军是个技术问题，还是个政治问题？是安全优先，还是平等优先等问题，各国不能达成一致，裁军难有实质性突破。实际上，虽然国际联盟召开过无数次裁军会议，却没有取得太大成就。

四、20世纪20年代的危机萌芽

国际联盟成立伊始，就面临着大国的挑战。首先，美国主导的华盛顿体系是凡尔赛体系的直接威胁而不是补充。而后者是国际联盟的权力基础。美国凭借自己的实力，在1921年召开的华盛顿会议上，签订英、美、法、日《四国条约》和美、英、法、意、日《五国海军条约》，重新调整了大国之间的关系，最终确认美国势力范围从美洲扩展到远东太平洋地区。中国被纳入《九国公约》，但其地位犹如1856年奥斯曼帝国被纳入欧洲协调。

其次，1923年，意大利占领希腊的科孚岛，直接挑战国际联盟的权威。在处理该事件的过程中，由英、法、意、日四国组成的大使会议

---

① ［英］马丁·怀特著，［英］赫德利·布尔、卡斯滕·霍尔布莱德编，宋爱群译：《权力政治》，世界知识出版社2004年版，第193页。

担当仲裁角色,行政院被边缘化。希腊政府向大使会议而不是行政院表示愿意对意大利让步。科孚岛事件说明,大国用武力践踏弱小邻国的主权,国际联盟不仅无力保护后者,反而满足侵略者的要求,接受意大利公开宣称占领外国领土是和平强制的谬论,并且不将此事当作危害和平的问题予以处理。国际联盟心甘情愿地接受"顾问"的角色和从属于大使会议的地位,自动放弃应有的权利①。

再次,1924年,德国提出加入国际联盟的4项条件:保证获得行政院的常任委员席位,获允不实施经济制裁和军事制裁,不再以任何方式承担战争责任,在适当的时候参与国际联盟的委任统治制度②。对此,行政院的答复是"所有10国政府完全赞同这些条件"③。这样一来,德国就拥有比维也纳会议之后的法国更为优越的条件,回到了"大国俱乐部"。《凡尔赛条约》签订仅仅5年,战败国以退为进,成为国际联盟里只有权利、没有义务的常任理事国。

最后,1927年,日本借保卫日侨为由在中国青岛登陆。这是国际联盟行政院中的另一大国违背盟约而国际联盟无动于衷的典型案例。结合1927年出笼的《田中奏折》——《帝国对满蒙之积极根本政策》,从此次事件中,更容易发现日本对凡尔赛体系与国际联盟的真实态度。时任日本首相田中义一认为,"欧战而后,我大日本帝国之政治及经济,皆受莫大不安……英美富国欲以其富力,征服我日本在支那之势力。……英美等国欲限制我国军力之盛大,使无征服广大支那领土之军备能力,而置支那富源于英、美富力吸引之下,无一非英、美打倒我日

---

① 唐永胜、徐弃郁:《寻求复杂的平衡:国际安全机制与主权国家的参与》,世界知识出版社2004年版,第58页。

② [英]华尔脱斯著,汉敖、宁京译:《国际联盟史》(上卷),商务印书馆1964年版,第316页。

③ 方连庆等编:《现代国际关系史资料选辑》(上册),北京大学出版社1987年版,第180页。

本之策略也……我对满、蒙之权利如可真实到手,则以满、蒙为根据,以贸易之假面具而风靡支那四百余州;再以满、蒙之权利为司令塔,而攫取全支那之利源。以支那之富源而作征服印度及南洋各岛以及中、小亚细亚及欧罗巴之用"①。有如此意图的日本怎么可能支持国际联盟,担负起维护世界和平的责任?对于日本这样的国家,要探讨它发动战争的原因,只能说战争的原因就是战争本身。

五、从普遍的集体安全体系到欧洲集体安全体系

国际联盟原来设计的普遍性集体安全体系,在实践中逐渐沦为区域性安全追求,名曰欧洲集体安全体系。由于美国不愿意承担欧洲集体安全的责任,英国追随美国不愿意给法国提供安全保证,这样一来,法国便独自追求在中东欧地区建立集体安全体系,先后与捷克斯洛伐克、罗马尼亚、南斯拉夫和波兰签订双边条约,就成为建立欧洲集体安全体系的第一步努力。它们结成的区域安全网络,证明就连国际联盟行政院的常任理事国——法国,在当时的情况下,也没有把握保证自己的安全。

建立欧洲集体安全体系的第二步努力是英、法、德、意、比、捷、波7国签署8个文件,总称《洛迦诺公约》(1925年)。其核心内容是英意保证德法、德比之间维持边界领土现状,英意有义务援助被侵略国。其实,这不过是英国玩弄的均势外交,在法德之间搞平衡,连地区集体安全体系都够不上。由于公约没有保证德国的东部边界不可更改,也就没有给法国带来切实可靠的安全,反而威胁到其东部小盟国的安全,间接挑战法国的国际地位。有识之士认为,《洛迦诺公约》是对国际联盟集体安全机制的抵挡。倘若集体安全真正有效,则公约便属多

---

① 方连庆等编:《现代国际关系史资料选辑》(上册),北京大学出版社1987年版,第228—231页。

余；若公约有其必要，就等于国际联盟连其主要创始会员国的安全都保障不了①。

建立欧洲集体安全体系的第三步努力是签订《关于废弃战争作为国家政策工具的一般条约》（又称《非战公约》）。法国借助美国力量、加强自身安全达成的这个条约，由于美、英、法、德、意、日、苏都签了字，意味着建立集体安全体系已非必要，因为世界主要大国都不再以战争作为国家政策。但是，各国对公约均做出实质性保留，没有提出切实可行的保障措施，其意义再次仅限于国际法，对于建立真正的集体安全体系没有任何帮助。

总之，在20世纪20年代的欧洲，国际联盟建立区域性集体安全体系的努力没有获得成功，对其他地区的影响更是鞭长莫及。

第三节 第二个10年：国际联盟最终无力改变国际社会的无政府状态

国际联盟进入第二个10年，面临着三股力量的博弈——支持力量、反对力量、绥靖力量。它们把基础本不牢固的国际联盟带入风雨飘摇的时期。

一、日、意、德的挑战和英、法的绥靖

首先，1931年，日本发动"九一八事变"，武装侵占中国东北。当

---

① [美]亨利·基辛格著，顾淑馨等译：《大外交》，海南出版社1998年版，第247页。

时，中国国民党政府立即向国际联盟行政院提出申诉，要求国际联盟采取行动。国际联盟行政院于同年的9月30日、10月24日和12月10日分别通过三次决议，却没有区分侵略者与被侵略者。它只是笼统地呼吁尽快恢复两国间的正常关系，要求两国政府不能诉诸侵略政策和侵略行动，并且采取消除敌对的办法，防止情势的再行扩大，避免再启战端。[①]

第三次决议决定，国际联盟组建李顿调查团前往中国东北。由于经费不到位，直到次年3月，李顿调查团才得以成行。由于行政院的无作为，国际联盟大会表决接受了《李顿报告书》，并于1933年2月通过决议，确认中国对其东北地区的主权，认为日本占领满洲是非法的，责成各个会员国在法律上和事实上都不得承认"满洲国"。这个结论值得肯定，但无助于解决中国被日本侵略的问题。集体安全在大国挑战面前软弱无力，日本以退出国际联盟进一步向集体安全体系发出挑衅。事态至此，可以看出，英法不关心欧洲以外的中小国家的安全，也不愿意冒险与亚洲军事强国开战，或对其进行经济制裁而加重自己的经济萧条。只要日本的侵略没有危及它们的在华利益，英法宁可绥靖侵略者以保私利。在国际联盟行政院，出现如此正不压邪的局面，以致行政院内没有一个代表纠正人所共知的、关于上海事件的不实叙述，驳斥关于中国不是有组织国家的一派胡言，呼吁其他国家根据《九国公约》承担义务。[②] 直到1937年爆发"七七事变"，国际联盟也没有明确宣布日本为侵略者，更没有给中国以任何实际的支持。

其次，1935年10月，意大利入侵埃塞俄比亚，国际联盟的集体安全机制面临生死考验。事件发生以后，国际联盟很快宣布意大利是侵略

[①] 方连庆等编：《现代国际关系史资料选辑》（上册），北京大学出版社1987年版，第273—275页。

[②] [英] 华尔脱斯著，汉敖、宁京译：《国际联盟史》（上卷），商务印书馆1964年版，第31页。

者，决定对意大利实行财政和经济的制裁。客观地讲，经济制裁在一定程度上破坏了意大利的国内经济。如果把石油等广泛的军用物资都包括在内，这次制裁有可能成功。但是，英国和法国出于抗衡德国的均势考虑，害怕制裁把意大利推向德国一边。它们放弃了集体安全原则，力图用埃塞俄比亚的部分领土绥靖意大利，反而导致意大利的得寸进尺和德国的蔑视。英法从骨子里惧怕战争的本质，被希特勒看得一清二楚。另外，美国利用国际联盟经济制裁之机，积极扩大与意大利的贸易，大发不义之财，使得本已脆弱的制裁愈加无效。1936年5月，意大利宣布兼并埃塞俄比亚；同年7月4日，国际联盟宣布结束制裁意大利。集体安全的泡沫破灭了。1935—1936年，国际联盟未能有效制裁意大利，成为20世纪30年代世界历史的一个转折点。这次重大的失败，导致随后的一系列失败。几乎没有比这能够更清楚地检验国际联盟机制的了。①

最后，1936年，德国进入莱茵兰非军事区，是对国际联盟的最后一击。这时的德国，已经退出国际联盟。根据《凡尔赛条约》的规定，莱茵河的西岸和东岸各50公里以内的地区，德国无权设防，并且不得驻军和举行军事演习；根据《洛迦诺公约》的规定，侵犯非武装区，等于直接进攻法国和比利时的领土。德国进军莱茵兰非军事区，法国有权立即采取军事行动，英国、意大利有义务提供军事援助。事件发生之后，国际联盟理事会在伦敦召开特别会议，邀请德国派代表参加。会上，英、法、意、比四国的代表提出，如果德国停止在莱茵兰非军事区重新设防，四国愿意与德国通过外交途径，讨论改变莱茵兰非军事区的现状。对此，德国不予理睬。倒是苏联派出代表准备参加国际联盟理事会所采取的措施。德军进入莱茵兰非军事区，直接挑战凡尔赛体系和英

---

① ［英］马丁·怀特著，［英］赫德利·布尔、卡斯滕·霍尔布莱德编，宋爱群译：《权力政治》，世界知识出版社2004年版，第144—145页。

法的自身安全。法国无力保障自己的安全，英国拒不执行国际条约规定的义务，使得两国的国际信誉大打折扣。至此，维护国际联盟机制的最后希望落在苏联身上。

二、苏联为建立集体安全体系而奋斗

自从1922年成立以来，苏联一直被凡尔赛体系和国际联盟所排斥。到了20世纪30年代，随着德国和日本退出国际联盟，亚欧军国主义兴起，苏联改变对国际联盟的看法，于1934年加入国际联盟，成为行政院的常任理事国，使得国际联盟的权力基础朝着有利于反法西斯阵营的方向转化。

与英法的绥靖政策不同，苏联加入国际联盟以后，为建立有效的地区集体安全体系做了大量工作。如先后缔结《苏联和法国互助条约》《苏联和捷克斯洛伐克互助条约》《中苏互不侵犯条约》，积极援助西班牙反对德国和意大利的武装干涉等。但是，由于英国和法国实行"祸水东引"的战略，致使各方难以形成支撑国际联盟的合力。捍卫国际联盟体制的最后一个大国——苏联，被迫陷入孤立。于是，苏联自己也诉诸绥靖政策。[1] 有学者明确指出，在《慕尼黑协定》签订前，苏联政府没有想过不承担集体安全的义务。在《慕尼黑协定》签订后，苏联政府决定接受希特勒的接近。对于它自己和全世界来说，这都是一个悲惨的决定，是苏联人完全不能负责的一个决定。[2]

总之，在20世纪30年代的欧洲，面对凡尔赛体系的挑战，集体安

---

[1] ［英］马丁·怀特著，[英] 赫德利·布尔、卡斯滕·霍尔布莱德编，宋爱群译：《权力政治》，世界知识出版社2004年版，第149页。

[2] ［英］华尔脱斯著，汉敖、宁京译：《国际联盟史》（上卷），商务印书馆1964年版，第391页。

全的设计始终未能成为现实。大国之间的互动，没有因为国际联盟的存在而增强互信。它们没有达成共同遵守的规范、原则与决策程序。反对国际联盟的力量很快压倒了支持国际联盟的力量。

第四节 国际联盟失败的原因

在防止战争、维护和平方面，国际联盟的努力失败了。作为发挥集体安全机制的国际制度，国际联盟为什么会失效？各种看法差异很大，总结起来，有四种代表性观点。

第一种观点是国际联盟理念错误说。这种观点以英国威尔士大学教授爱德华·卡尔和美国芝加哥大学教授约翰·米尔斯海默为代表。他们认为，国际联盟所倡导的集体安全理念是完全错误的。卡尔说，国际联盟的失败标志着国际联盟赖以为生的理论基础发生了动摇，就连19世纪的理念基础也因之受到质疑。问题的要害可能是，这些原则本身要么错误，要么不切合实际。所有标准都包含着利益的成分，乌托邦主义者无法理解这一点。当标准崩溃的时候，他们只能采取逃避的态度，抱怨那些不符合乌托邦原则的事实。① 米尔斯海默则提出集体安全理论的九大困境。② 其中的每个困境都是不易解决的硬伤。

第二种观点是国际联盟实践错误说。有些人认为，国际联盟的集体

---

① [英]爱德华·卡尔著，秦亚青译：《20年危机（1919—1939）：国际关系研究导论》，世界知识出版社2005年版，第38—39、81页。

② Johm Mearsheimer, "The False Promise of International Institutions," in Michael E. Brown, "The Peril of Anarchy: Contemporary Realism and International Security," MIT Press, 1995, pp. 355 – 360.

安全理念是完全正确的，只是国际联盟生不逢时，命运不好，或是因为某些国家遵行《国际联盟盟约》的时候出了问题。前者认为，如果这个世界是正常的，如果法国再理性一点，如果英国愿意给予国际联盟更坚定的支持，如果对待魏玛共和国不那么苛刻，如果美国没有拒绝，如果俄国早点加入，如果英国外交部长是塞西尔勋爵而不是寇松爵士……国际联盟就会成功。后者认为，如果《国际联盟盟约》与《凡尔赛条约》分开，如果从一开始就在平等的基础上承认战败国的权利，如果不对国家主权做出那么多的让步，盟约的执行将会得到保证。[1] 曾任国际联盟副秘书长的华尔脱斯说，其实国际联盟的失败不是盟约的缺点造成的，相反，恰恰是没有正确地实施盟约条款的缘故。[2]

第三种观点是国际联盟安全机制缺陷说。有些学者承认，集体安全体系具有实行的可能性。但是，国际联盟制度存在着致命的缺陷，妨碍其取得成功：强调国际联盟安全机制的"含糊性、软弱性、排斥性"；[3] 缺乏强制执行的法律权威和军事力量，即"国际联盟没有牙齿说"。[4] 美国著名国际政治学家汉斯·摩根索谈到国际联盟存在着章程、结构和政治的三大缺陷，实际上分别对应着国际进程、国际体系和国家政策的三个层次。[5] 罗伯特·杰维斯则强调，政治家淡忘战争和重视收益，腐

---

[1] F. H. Hinsley, "Power and The Pursuit of Peace: Theory and Practice in the History of Relations Between States," Cambridge University Press, 1967, pp. 309–311.

[2] [英]华尔脱斯著，汉敖、宁京译：《国际联盟史》（上卷），商务印书馆1964年版，第285页。

[3] 王杰编著：《国际机制论》，新华出版社2002年版，第261页。

[4] 门洪华：《和平的纬度：联合国集体安全机制研究》，上海人民出版社2002年版，第174页。

[5] [美]汉斯·摩根索著，徐昕等译：《国家间政治：寻求权力与和平的斗争》，中国人民公安大学出版社1990年版，第580—587页。

蚀了过去有效的集体安全机制。①

第四种观点是国际体系结构说。这种观点以英国著名国际关系学家马丁·怀特和美国著名国际政治学家亨利·基辛格为代表。他们强调，不存在均势是国际联盟失败的重要原因。怀特认为，欧洲均势体系因为美国退出而难以维持，因为苏联缺少合作而难以稳定。而英国奉行虚假的均势政策。1922年，如果英国承诺保证法国安全，并在洛迦诺会议上将这一承诺扩展至东欧，那么战争就不会爆发。②

基辛格比较维也纳体系和凡尔赛体系的不同，认为《凡尔赛条约》的祸害在于其结构。维也纳会议带来的百年和平具有三大支柱，每个都不可或缺：与法国怀柔修好，维持欧洲均势，坚守共同的正统观念。对法国采取低姿态，不见得能够防止法国的侵略，但四国同盟与神圣同盟一定可以集结实力，加大法国向外扩张的风险。并且，欧洲定期集会给法国平等地参与欧洲协调的机会。最重要的是，大国拥有相同的价值观，使各国既有的不满不致危及国际秩序。《凡尔赛条约》不符合上述任一条件。③

在这里，基辛格触及国际观念的结构问题。笔者认为，国际联盟失败的根本原因是没能做到大国一致，大国缺乏对国际联盟的认同。从本质上说，国际联盟是防止战争的制度。因此，大国的战争观念是否正向相同（都否定战争），就成为制度认同的关键。④

---

① Robert Jervis, "Security Regime," in Stephen D. Krasner, "International Regimes," Cornell University Press, 1984, p. 184.
② ［英］马丁·怀特著，［英］赫德利·布尔、卡斯滕·霍尔布莱德编，宋爱群译：《权力政治》，世界知识出版社2004年版，第140页。
③ ［美］亨利·基辛格著，顾淑馨等译：《大外交》，海南出版社1998年版，第217页。
④ 秦亚青：《国际体系的无政府性——读温特〈国际政治的社会理论〉》，《美国研究》2001年第2期，第139页。

国际制度的有效性：以联合国为例[*]

冷战结束以来，对于联合国在世界事务中作用的认识，经历了一个变化的过程。20世纪90年代初期，不少国家曾寄希望于联合国能建立世界新秩序。但是，在20世纪90年代中后期，联合国在维和行动中屡屡受挫，2003年美国更是绕过联合国直接对伊拉克进行先发制人的军事打击。现实与期望的差距，使得改革联合国的呼声日趋高涨。对联合国作用的认识，实质是关于国际制度的有效性问题。早在20世纪70年代，美国学界开始关注美国国力衰落后用什么手段来维持美国霸权的问题，从而引出机制理论和新自由制度理论。这些理论认为，世界需要国际制度。不过，它们并没有说清为什么需要，需要什么样的国际制度，以及国际制度发挥效力的条件是什么。这并不是新问题。世界历史上，19世纪的欧洲协调和20世纪的国际联盟作为当时的国际制度，由于当时大国的实力分配不同，观念认同各异，国际制度的效力也相去甚远。当今世界正发生着新的权力变迁，新旧国际规范间进行着剧烈的碰撞和转变。权力分配、国际规范与国际制度有效性之间的关系，成为人们所关注的热点。本文将对此做一些探讨。

---

[*] 本文发表在《国际政治科学》2006年第1期。

第一节 关于国际制度有效性的现有解释

在什么样的权力分配结构和国际规范结构下，国际制度才能有效？这是本文探讨的主要问题。关于这一问题，国外学者从不同角度进行了分析。他们分别从局限性、有效性和合法性等方面来评价国际制度，这也正好对应了现实主义的权力观、新自由制度主义的政治市场失灵说和建构主义的认同说。这些代表性观点都有一定的合理性，但其不足也很明显。

以肯尼思·沃尔兹为代表的新现实主义强调体系结构决定国家行为，而体系结构主要表现为大国之间的实力分布；国际制度是权力的从属物，是大国的工具，它起作用的动力来自大国。罗伯特·吉尔平的霸权稳定论对此给了严密的论证。但现实主义不能解释的一个事实是，为什么权力结构发生变化，原有的制度却依然能发挥作用？为什么有时霸权国提供国际制度并遵守国际制度，有时却不提供也不遵守？

以罗伯特·基欧汉为代表的新自由制度主义，在肯定体系结构所起作用的前提下，增加了国际制度变量，认为在体系结构不变的情况下，国家的行为并不一样，因为国家间的互动进程在起作用。在基欧汉看来，国际制度是一个独立变量，它的产生固然离不开霸权国的权力，但它一旦运转起来，霸权国也要受到制约，即使霸权国衰落，由于国际社会的需要，国际制度还能存续下去。国际制度通过降低国家被欺骗的风险性，使合作成为更加明智的选择。新自由制度主义强调制度的有效性源于国家对利益的考量及其需要。但是，新自由制度主义不能解释的是，既然国家有内在的需要，为什么有的制度更有效，有的制度则不那么有效甚至彻底失败呢？

建构主义学者亚历山大·温特也认为体系结构决定国家行为，但他的体系结构的主要内容是文化，同时更强调体系结构对国家身份的建构作用。国际制度也是体系文化的一部分，国际制度可以建构国家的认同与利益观并规范国家行为。建构主义对制度的评价最高，认为国际规范的合法性造成了大国间的高度认同，从而影响了国家的行为。但是，建构主义不能解释的是，规范需要什么样的权力基础才能形成国家间的认同，以及国内规范是如何形成国际规范的。

权力分配、国际规范和国际制度三个变量，是现实主义、建构主义和新自由制度主义的核心概念。对于这些概念的界定，本文也采用其代表性人物的界定。

权力分配是指世界性大国经济、军事等物质性能力的对比，常用的衡量指标是国民生产总值和军费开支。世界性大国，是指对国际结构有重大影响的国家。

国际规范是得到大国普遍认可的关于界定什么是合适行为的共同标准。它或者明确表现在国际法、国际制度的规约中；或者表现为大国间的一种默契，这种默契可能没有用文字的形式表示出来，但大国决策者会自觉或不自觉地遵守这些隐含的游戏规则。也就是说，国际规范代表了国家间的认同。国家对其认同度越高，国际规范发挥的作用越大。

对于国际制度的定义，国内外学者的分歧也很大。根据基欧汉的定义，国际制度是持续的、相互关联的正式与非正式的规则体系，这些规则体系可以界定行为规范，可以制约国家行为，也有助于汇聚国家的预期。国际制度包括三种形式：有着明确规定的规则和章程的政府间国际组织和非政府组织，如联合国和国际红十字会；国际机制，即政府之间经协商同意和达成的，涉及某一问题领域的明确规则，如海洋法、国际货币体系等；国际惯例，指那些有着非明确的规定和谅解，可以帮助国际行为体协调各自的行为,并能汇聚预期的非正式制度,如未以明文规定之前的外交豁免、非世界贸易组织成员之间相互给予最惠国待遇的国际互给行为等。①

笔者认为,这三种形式的国际制度本质是一样的,在实践中三种形式的制度也往往汇集在一起,因此在论述中不再予以区分。

国际制度从来源、形式、维持、演变、功能及效果上看千差万别,本文的重点在于分析国际制度与无政府性的关系,考察国际制度有效性的来源,这样就需要定义国际制度有效性这个概念。笔者在搜索国内研究国际制度有效性的文章②时,发现文章的作者在界定概念的时候借鉴了美国学者奥兰·扬的定义,即国际制度的有效性是衡量国际机制在多大程度上塑造或影响国际行为的一种尺度,国际制度的有效性可以从其能否成功地执行、得到服从并继续维持的角度来加以衡量,有效性是一个程度大小的问题,而不是一个全有全无的问题,只要一种制度的运作能够经受时空变换的考验,该制度就是有效的。③

作为新自由制度主义学者,奥兰·扬是为数不多的考察国际制度有效性的研究者之一。不过,以他的定义来考察具体的案例,还显得过于笼统。现实主义对国际制度的评价是最苛刻的,他们往往强调在政治安全领域国际制度的作用微乎其微。作为替代性的解释,如果我们能证明

---

① 秦业青:《国际制度与国际合作:反思新自由制度主义》,《外交学院学报》1998年第1期,第43页。
② 门洪华:《合法性、有效性与局限性:评估国际机制作用的理论框架》,《香港社会科学学报》2002年第4期;随新民:《国际制度的合法性与有效性:新现实主义、新自由制度主义和建构主义三种范式比较》,《学术探索》2004年第6期;李晓燕:《试析国际制度的作用及其局限性》,《国际关系学院学报》2003年第6期;胡慧敏:《无政府状态下国际制度的效用》,《国际论坛》2004年第2期。
③ [美]奥兰·扬:《国际制度的有效性:棘手案例与关健因素》,载[美]詹姆斯·N.罗西瑙主编,张胜军、刘小林等译:《没有政府的治理:世界政治中的秩序与变革》,江西人民出版社2001年版,第186—224页。

在政治安全领域里，国际制度也是有效的并说清其效力的来源，那将大大提高国际制度削弱国际无政府性的说服力。

因此，笔者衡量制度有效性的方法是，在关系国际制度框架的政治军事领域，大国合作的程度越高，制度就越有效。具体来说，第一，如果涉及大国的冲突都尽量在制度框架内解决，大国较多地以制度的办法去干预其他国家之间的冲突，制度就是有效的。这表现的是制度的工具性价值。第二，如果制度有助于建构国家新的利益观或新的角色，从而促进国际合作，制度就是有效的。这体现的是制度独立发挥作用的一面，即制度的本体价值。第三，如果制度的寿命较长，则表明其适应性和内聚力较强，从而也表明其有效性较强。

在衡量国际制度有效性时，由于牵涉三个变量间关系的测算，本文将以下方式进行。

首先，对权力分配结构的测算，将比较体系性大国的国民生产总值、军费支出或者军队规模。

其次，衡量国际规范的作用，主要体现为规范对大国的影响，或者说大国对规范的认同程度。如果规范影响了大国的行为，笔者就认为大国认同国际规范；如果规范不但影响了国家的行为，还建构了国家的角色和战争观，笔者就认为国家对规范的认同度更高。具体到大国对联合国的认同度，笔者将参考大国参与联合国维和行动的次数和大国在安理会的投票行为。笔者假定，大国参与的维和行动次数越多，大国在安理会行使否决权越少，它们对联合国的认同度就越高。

最后，关于联合国的有效性，笔者主要从历史的跨度来比较联合国在维持和平与安全方面的作用，找寻促使其变化的权力因素和规范因素，以此证实本文提出的假设。

第二节　假设的提出与案例的选择

权力结构、国际规范和国际制度有效性三者间的关系非常复杂，它们可以互为自变量和因变量。在现实当中，它们也不能截然分开。但是，科学研究的基本要求是把一个领域暂时与其他领域分开，区分出该领域的结构和单元，找出其互动关系。这里，笔者把大国权力分配和国际规范设为自变量，把国际制度的有效性设为因变量，力图通过不同的权力结构和不同的规范结构，来观察国际制度有效性的不同表现。本文的基本观点是，权力结构和大国认同度的不同组合，决定了国际制度有效性的高低。具体来说，它们可以表现为四种可能性（如表2所示）。

表2　大国认同度和权力结构与国际制度的有效性

权力结构	大国认同度	
	高	低
平衡	国际制度有效性高	国际制度有效性较低
不平衡	国际制度有效性较高	国际制度有效性低

大国对国际规范的认同之所以高低不同，一个很重要的原因是规范的性质不同。笔者借用卡赞斯坦和鲁杰关于规范的两种分类，来分析影响大国认同以及国际制度有效性的原因。卡赞斯坦认为，规范这个概念是用来描述在某种特定的认同下关于行为体合适行为的共同预期。在一些情况下，规范像规则一样起作用，即界定一个行为体的认同，这样就有了构成性效果，即表明什么样的行为会使得相关的他者获得一些特别的认同。在其他情况下，规范像标准一样起作用，即在已界定完毕的认

同下，表明什么是合适行为的法规。在后面这种情况下，规范起着调节的作用，规定合适行为的标准。因此，规范或构成认同或制约行为，或二者兼有。① 卡赞斯坦实际上区分了两种规范，即制约性规范和构成性规范，前者涉及确定合适行为的标准，进而塑造政治行为体的利益，协调它们的行为；后者规定了行为体的认同，也规定了行为体的利益并约束着行为。②

鲁杰特别强调构成性规范是一切社会生活的制度基础，并对新现实主义和新自由主义只重视制约性规范而忽略构成性规范的做法提出了批评。他认为，没有构成性规范，一切有组织的人类活动包括国际政治，都无法开展。当然，和其他社会秩序相比，国际政治领域的构成性规范比较"稀薄"。有些构成性规范，比如对领土的尊重，已经是积淀已久且被人们视为理所当然的东西，所以行为体已经根本不再视其为规范了。③ 当然，规范既可能是"黏稠"的，也可能是"稀薄"的，"黏稠"与"稀薄"的程度取决于我们所研究的问题领域或国际群体。同样的规则可能构成冲突，也可能构成合作。④

很显然，构成性规范比制约性规范程度要高，但实现的难度更大。制约性规范是为了管理国家行为，而构成性规范是为了生成国家行为。

---

① Peter J. Katzenstein, ed., "The Culure of National Security," New York: Columbia University Press, 1996, p. 5.

② [美] 彼得·卡赞斯坦著，李小华译：《文化规范与国家安全：战后日本警察与自卫队》，新华出版社2002年版，第21页。李小华把"regulatory norm"译为"限制性规范"，秦亚青则译为"制约性规范"。笔者采用后一种译法。

③ [美] 约翰·鲁杰：《什么因素将世界维系在一起？新功利主义与社会建构主义的挑战》，载 [美] 彼得·卡赞斯坦等编，秦亚青等译：《世界政治理论的探索与争鸣》，上海人民出版社2006年版。

④ [美] 约翰·鲁杰：《什么因素将世界维系在一起？新功利主义与社会建构主义的挑战》，载 [美] 彼得·卡赞斯坦等编，秦亚青等译：《世界政治理论的探索与争鸣》，上海人民出版社2006年版。

制约性规范的作用反映了因果关系，而构成性规范表现为建构关系。

结合这两种规范的划分，权力结构、国际规范与国际制度的关系可以表述如下：

一、权力结构与制度安排的关系

权力是制度建立的物质保证，制度的建立和维持有赖于权力的支撑，我们可以说制度是一个权力化的过程，如果它们成功地融合在一起，那将相互强化，密不可分。一般说来，大国权力均衡有助于国际制度的建立和维持，国际制度也将反映这种权力结构。有了权力与制度的基本一致，国际制度的有效性就易于得到保证。不过，权力均衡并不是国际制度有效性的充分条件，它还需要和别的变量相结合。

二、制约性规范与制度安排的关系

制度是人类社会实践的产物，它同时是权力和规范的连接体，人类选择什么样的制度，带有很大的主观性或偶然性。但是制度一旦形成，其是否有效则在很大程度上取决于规范的性质。一般说来，制约性规范更容易保证制度的成功，因为制约性规范符合大国的当前利益，大国更容易操作。但是，由于制约性规范不改变大国的身份与认同，一旦大国觉得遵守制约性规范不符合自己的利益，它们就不再遵守。

三、构成性规范与制度安排的关系

构成性规范不但影响大国行为，还建构大国身份与集体认同，它力图超越制约性规范，超越权力政治，生成一种新的国际关系。在这种规范的主导下，国际制度将自动调节国际关系，体系战争成为不可思议的事情。

根据上面的探讨，我们可以假定，由于构成性规范和制约性规范的内在属性不同，大国在建立并接受对它们的认同时难度也不相同。一般来说，相对于构成性规范，大国更容易建立起对制约性规范的认同。但是，随着大国对某些制约性规范的认同的提高，也有可能接受在这一规范基础上所发展出的规范性认同。

从经验形态上看，国际社会存在着很多种国际制度，有按领域划分的，有按区域划分的；有体现为实体的，也有比较形而上的。欧洲协调、国际联盟和联合国是在政治与安全领域影响最为广泛的国际制度。由于篇幅关系，本文的实证分析仅围绕联合国展开。之所以重点分析联合国，还出于以下考虑：首先，联合国是全球最具代表性的国际组织，并在维护世界和平与安全方面承担着特殊的责任。其次，联合国是国际关系史的集中体现，是国际组织的集大成者。它既有欧洲协调的影子，又有国际联盟的痕迹，在国际制度方面具有代表性。与其他制度形式相比，它有着相对正式的制度形态，存活时间较为长久。最后，联合国经历了冷战时期和冷战后两个阶段，其有效性所经历的变化便于相互比较，因为联合国的效力变化是在不同的权力分配和国家观念下发生的。而且，联合国还面临着改革的巨大压力，它未来的变化可以对本文的观点提供更进一步的检验。

第三节 联合国有效性的相关数据及其基本分析

联合国成立于1945年，创始会员国51个，2004年底会员国达到

191个，美、英、法、苏（俄）、中为安理会常任理事国。联合国跨越了冷战与冷战后时期，安理会也经历了从瘫痪到复兴的转变。总的看来，很少有会员国退出联合国，相反倒是有很多国家争取早日加入联合国，尤其是争当联合国常任理事国和非常任理事国的愿望非常强烈。大国从第二次世界大战吸取的教训是，通过大国合作来保证和平，战时的盟友将成为和平时期的合作伙伴；必须重建有效的国际组织；大国是和平的支柱，而不是紧张局势的来源。

从表3可以看出，联合国在冷战期间和冷战后的表现差别很大。20世纪90年代，联合国的安理会决议和维和行动的通过比例都占到50%以上，大国间合作明显加强，应该说这段时期联合国的效力是较高的。

表3 联合国安理会通过决议与联合国维和行动

时间 内容	1945—1949年	1950—1959年	1960—1969年	1970—1979年	1980—1989年	1990—1999年
安理会决议号	0—78	79—132	133—275	276—461	462—646	647—1284
各期百分比（%）	6	4	11	15	14	50
维和行动次数（次）	2	2	6	3	5	36
各期百分比（%）	3.7	3.7	11.1	5.6	9.2	66.7
维和行动人数（人）	217	6664	22838	12335	7618	158333
各期百分比（%）	0.1	3.2	11	6	3.6	76.1

注：百分比的基数都设为100。安理会决议参见http://www.un.org/sc；维和行动数据来自门洪华：《和平的纬度：联合国集体安全机制研究》，上海人民出版社2002年版，第451—457页。

从大国实力对比来看，冷战期间苏联的GDP总量一直和美国差很远，大概占其25%—40%；军费开支方面，1950—1990年，美苏基本持平。如果考虑到两个集团对抗与核武器因素，双方的战争能力可以说大体平衡。冷战结束后，美国成为唯一的超级大国，在 GDP 总量和军费支出上远远高于其他强国，大国的权力分配非常不平衡。

从大国对联合国的态度而言，1946—1969 年苏联在安理会行使否决权最多，占总数的 46.8%。1970—1990 年，美国行使否决权最多，占总数的 24.5%。整个冷战期间，安理会通过的决议占总数的 50%，维和行动次数占总数的 37%，维和人数仅占 23.9%。这表明，冷战期间大国对联合国的认同度较低，冷战后有了很大提高，各国对联合国寄予了更大的希望，联合国的效力得到认可。

可以说，冷战期间大国实力均衡，而且联合国的制度安排与国际权力分配基本一致，但由于大国的认同度低，联合国的效力也就低。冷战后的联合国，大国实力对比虽然发生了变化，不过安理会等联合国重要机构的结构基本上还是适应目前国际权力的分配状况。在这种情况下，由于大国的认同度较高，联合国的效力相比冷战期间也有较大提高。因此，在既定的权力结构下，大国对联合国的认同度是影响联合国效力的关键因素。

按照卡赞斯坦和鲁杰的标准，通过对比分析欧洲协调、国际联盟和联合国三种国际制度所内含的规范，可以得出如下结论：

一、欧洲协调是制约性规范

因为地缘相近，当时的五大国基于共同的利益即避免欧洲爆发战争，从而遵守了欧洲协调制度。该制度调节了大国的行为，但没有内化成它们的规范性认同。欧洲协调是大国之间建构共同战争观的结果，这一时期各国国内政治压力不大，各国意识形态相近，对拿破仑战争有相同的感受，所以在战争观上易于达成共识，并得到切实履行。通过对法国恩威并施，五大国形成了关于战争规范、原则、决策程序的地缘文化，① 这种地缘文化表现为欧洲协调，得到了大国较大程度上的认同，它有力地约束了大国的行为。

二、国际联盟是未成型的构成性规范

国际联盟时期，大国权力分配从全球看可以说是多极均势，从欧洲看是不均衡的多极。地缘文化是国内规范与国际规范的中间站和纽带，由于世界大国之间未能围绕战争观形成共同的地缘文化，所以更谈不上体系文化了，国际联盟时期战争观的建构可以用图1表示。

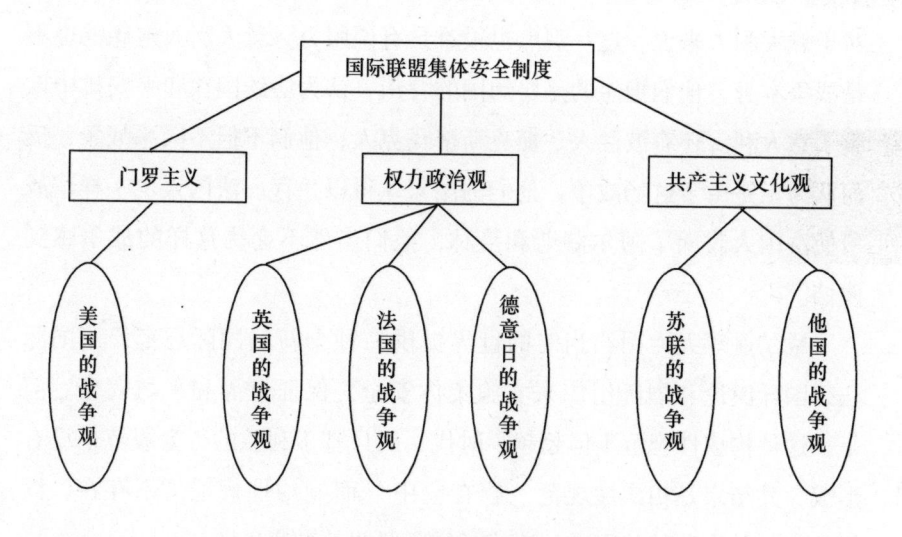

图1 国际联盟时期建构的战争观

---

① 秦亚青、亚历山大·温特：《建构主义的发展空间》，《世界经济与政治》2005年第1期，第8页。

作为第一次世界大战的战胜国,英国、法国极力避免新的大战,但它们的实力已无法保障制约性规范的实施。美国反对战争,极力向欧洲推广利益和谐的构成性规范,但由于超越了欧洲所能接受的程度而失败,况且美国自身也并不是真正地认同这些规范,因此这种构成性规范并没有被大国所内化。德、意、日越来越渴望战争,苏联则采取积极措施防止战争。各国从第一次世界大战中吸取了完全不同的教训,对此卡尔写道:"1918年之后,很容易使那些生活在英语国家的人们相信,战争对任何人都没有好处。但是,在英语国家生活的人只是人类的一部分。对于德国人来说,这一观点就难以接受,因为他们在1866年和1870年的战争中得到了极大的好处。德国人认为,他们在战争之后受了苦,但这不是因为1914年战争本身,而是因为他们输掉了这场战争。对于意大利人来说,这一观点也很难具有说服力。意大利人抱怨的也不是战争本身,他们抱怨的是协约国的背叛,认为协约国在和平安排中欺骗了意大利。还有波兰人、捷克斯洛伐克人,他们不但不厌恶战争,反而认为正是由于这场战争,他们的国家才得以生存。法国人也一样,战争使法国人收回了阿尔萨斯和洛林,他们当然不会为这样的战争感到懊恼。"[①]

威尔逊等人力图给当时的世界提供一种全新的国际规范,用国际法、国际舆论和国际组织来实施集体安全,保证世界和平与安全。但是,这种构成性规范不但超越了时代,而且基于利益的行为规范也没有形成,其结果是构成性规范"飘在空中"而制约性规范又不存在,世界处在一种失范的状态中,造成了国际联盟的彻底失败。

[①] [英]爱德华·卡尔著,秦亚青译:《20年危机(1919—1939):国际关系研究导论》,世界知识出版社2005年版,第50—51页。

三、联合国是制约性规范和构成性规范兼而有之

联合国对于大国主要是制约性规范，对于中小国家主要是构成性规范。安理会的大国一致原则，主要是保证大国的利益不受侵犯，在这个前提下，大国参与联合国，并在维护国际和平与安全方面负起特殊的责任；而中小国则是在联合国规范的作用下进行活动，它们的很多观念和行为受到了联合国的建构，用费丽莫的话说，就是国家部分通过与他者即其他国家、国际组织或非政府组织之间的互动来理解利益，后者说服国家相信某个新目标的价值或善意。① 在这种情况下，国家利益的再定义常常不是外部威胁和国内集团要求的结果，而是由国际共享的规范和价值所塑造的，规范和价值构造国际政治生活并赋予其意义。② 在冷战时期，东西两大阵营各自形成了自己的地缘文化，意识形态的对抗非常激烈，这影响了联合国建构大国规范性认同的效果。尽管如此，两个阵营仍有很多共识，这些共识主要表现为避免第三次世界大战，默认对方对各自拥有战略利益的势力范围的管辖权。这些成了支撑联合国存在的基础。而冷战结束后，地缘文化呈现多样化趋势，其中一些深层次的规范比如宗教、文明等发挥的作用日益明显，国际规范的建构日益复杂化。图2和图3分别表示冷战前和冷战后的战争观的形成。

以上分析表明，作为非物质性权力的规范，虽然不比物质性权力更重要，但它起了物质性权力无法替代的作用。在许多情况下，它与沃尔兹所界定的权力或与基欧汉所界定的制度所发挥的作用有交汇之处。当

---

① [美]玛莎·费丽莫著，袁正清译：《国际社会中的国家利益》，浙江人民出版社2001年版，中文版自序，第6页。
② [美]玛莎·费丽莫著，袁正清译：《国际社会中的国家利益》，浙江人民出版社2001年版，中文版自序，第3页。

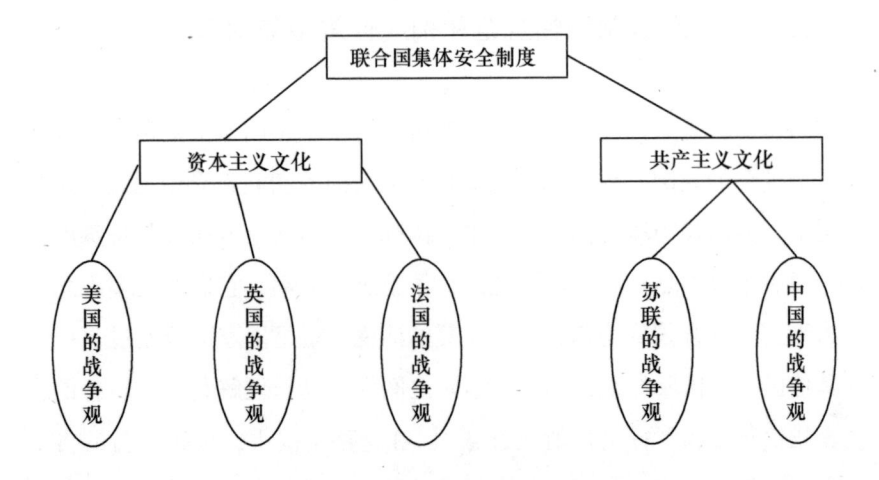

图 2　冷战时期大国的战争观

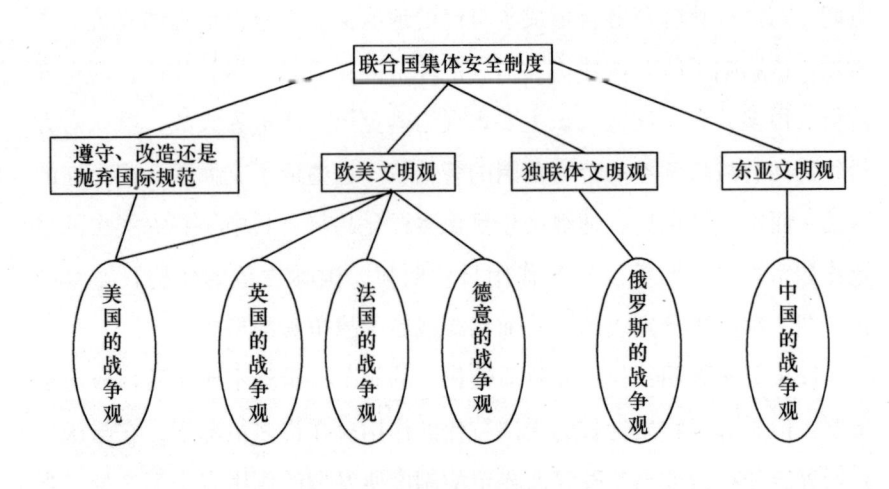

图 3　冷战后大国的战争观

然，它也并不总是能够成功地建构国家观念与行为。而且，国际规范有不同类型和层次；国际规范内部，国际规范与国家规范之间，国际规范与非国家行为体的规范之间充满了矛盾，它们之间相互融合和妥协才可能有切实的效用。进而可以推测，在权力支撑得以保证的情况下，制约性规范容易有效，使国际和平与安全得以保证；而构成性规范起作用的条件并不比制约性规范简单，它在低政治情形下更有可能单独发挥作用。

第四节　联合国有效性的实证考察

尽管联合国的效力还充满争议，但经历了冷战的严重对峙后，联合国"存活"了下来。冷战后国际权力结构发生了剧烈的变迁，但联合国依然发挥着维持和平与安全的作用。联合国成立时的权力分配已不复存在，联合国无法解决超级大国的对外侵略问题，但绝大多数主权国家并没有因此抛弃联合国，反而更强烈地主张国际争端应回到联合国的框架内解决。实力上升的德国、日本、印度、巴西等国并不是联合国体系的挑战国，而是力图谋求成为安理会的常任理事国。21世纪联合国的权力基础进一步扩大了，其面临的任务有增无减。由此产生的问题是，是什么原因使联合国保持了活力？它在削弱无政府性方面的效力如何？它对国际权力结构主要起支撑作用还是侵蚀作用？

一、联合国的产生：联合国诞生的基础

与欧洲协调、国际联盟一样，联合国也是战争的产物，只不过第二次世界大战比以往的战争更为惨烈。除了参战国数目、物质、人员的损失大大超过拿破仑战争和第一次世界大战，核武器的出现及其使用也是

一个新现象,这一技术因素后来被证明对国际体系的结构和进程都产生了深远的影响。基于对历史教训的反思,第二次世界大战中的战胜国决心通过国际合作来保障世界安全与和平。第二次世界大战的炮火不但使得美国的孤立主义、法国的悲观主义、苏联的机会主义和英国的保守主义破产,更激发了大国要在欧洲协调和国际联盟的基础上重建国际秩序的愿望。在《圣詹姆斯宫宣言》《大西洋宪章》《联合国宣言》《莫斯科普遍安全宣言》和《德黑兰宣言》中,国际合作的构想越来越明确。经过敦巴顿橡树园会议、雅尔塔会议和旧金山会议等一系列国际会议,联合国的蓝图勾画完毕并从理想成为现实。

联合国在成立的过程中,有意拉开与国际联盟的距离,意欲塑造其作为一个全新的国际组织的形象。在称谓上也用心良苦,如以"宪章"代替"盟约",以"托管"代替"委任统治",以"国际法院"代替"国际常设法院"。但事实上联合国与国际联盟的关联十分密切,在若干方面联合国甚至表示自己是国际联盟的"法定继承人"。从机制上看,联合国同时也是欧洲协调的"继承者"。因此,联合国可以说是大国协调和集体安全制度的混合物,它是对二者的扬弃,不是简单的相加。①

从1945年10月24日联合国正式成立至今70多年的时间里,国际权力结构既有持续期,也有变更期。联合国成员国之间时而冲突,时而合作,因此,对联合国的评价也几经变化。一个突出的问题是,联合国是集体安全制度吗?它存在的理由是什么?

一种观点认为,联合国体系是一种公共产品,它证实了霸权稳定论。金德尔伯格对1929—1933年世界经济大萧条的研究以及吉尔平对霸权周期的分析共同构筑了霸权稳定论的框架。该理论认为,国际制度是一种公共产品,霸权国凭借自己的强大实力,提供自由贸易体制、稳

---

① 贾烈英:《无政府性与国际制度有效性的实证研究——从欧洲协调到联合国》,外交学院2005年博士学位论文。

定的国际货币和必要的国际安全保障。这种公共产品谁都可以用，用了不会减少，因此它是世界的"稳定器"。同时，霸权国还提供强制力量，用以制裁、惩罚违规者。在一个霸权周期内，霸权国有能力和意愿维持世界秩序的稳定。

但是，历史事实表明，联合国力图维护的稳定与霸权国要维持的稳定并不完全一致，而且霸权国并不总是愿意无条件地维持世界秩序和提供公共产品，从冷战后联合国的经费危机以及它时常被架空的现象中便可见一斑。

另一种观点认为，联合国是集体安全与权力政治的混合物。朱建民认为，联合国的创立是历史经验、战时规划、大国（特别是美国）领导、小国合作以及多边谈判（折中意见分歧、利害冲突的谈判）、民间压力（渴望一个较好的进步世界）、崇高理想（祈求光荣持久的和平）的复合产物。①

还有一种观点认为，联合国是霸权自我约束的产物。伊肯伯里在冷战后提出了仁慈霸权论。他认为，与维也纳体系发挥作用的基础是协商机制和大国克制的规范不同，20世纪的联合国体制是基于全球或区域多边制度和联盟的建立，尽管权力均衡和其他约束机制也很明显。这些机制变得越来越多样、复杂并相互关联，表明管理和约束大国方式的新变化。②

伊肯伯里指出，战后霸权国之所以积极建立约束自己的制度，一是为了降低维持秩序的成本，二是为了通过制度延长自己的霸权。他认

---

① 参考门洪华：《和平的纬度：联合国集体安全机制研究》，上海人民出版社2002年版，第184—186页；陈乐民主编：《西方外交思想史》，中国社会科学出版社1995年版，第282页。

② John Ikenberry, "After Victory," Princeton, NJ: Princeton University Press, 2001, p. 44.

为，霸权国的自我约束与国际制度的捆束效用有关，而且制度总是具有"黏合性"，它将国家行为"锁定"在持续的、可预测的发展进程中。在他看来，霸权国的自我约束并非出于利他动机，而是一种利益驱动，主要是为了获得其他国家的合作和服从。而且，并非所有霸权国都能做到自我约束，只有"具备自由民主政体"的美国才可以做到，因为国内政体的民主性质，所以美国的霸权带有"自由开放"的特征。①

不过，冷战后美国的行为并不完全符合这种自我约束理论。美国以自己的标准频频对外干涉，尤其是2003年的伊拉克战争，极大地削弱了联合国的权威。可见，没有世界政府或权力均衡的外在约束，靠自我约束来限制大国的行为是行不通的。曾担任法国国王的牧师和顾问的费列农在1713年临终前就写道，他从不知道有哪个手中握有超凡权力的大国能够在较长的时期内温和地行事。②苏联解体以后，美国成为世界上冲突的首要管理者和制造者，要实现自我约束更是不可想象。③

还有学者认为，世界需要联合国。基欧汉指出，随着各国经济相互依赖的加深，国家对国际机制的需求越来越大。国际机制一旦被创造出来，即使提供机制的霸权国衰落，国际机制也能因其本身的功能长期存在下去，并将继续促进国家间的合作。但今天面临的问题是，国际机制的供给与需求并不那么均衡，美国没有足够的意愿保证对国际机制的供给，反而更多地在国际机制外组织临时同盟来解决自己所关心的问题。④

---

① 朱立群：《欧洲安全组织与安全结构》，世界知识出版社2002年版，第24页。

② [美]肯尼斯·华尔兹著，信强译：《国际政治理论》，上海人民出版社2003年版，第19页。

③ 肯尼斯·沃尔兹、韩召颖、刘丰：《冷战后国际关系与美国外交政策》，《南开学报（哲学社会科学版）》2004年第4期，第1—5页。

④ 门洪华：《和平的纬度：联合国集体安全机制研究》，上海人民出版社2002年版，第301页。

因此，对联合国的评价，既牵涉其内部机制的特点，也与时代的变迁、大国权力结构的转变、各国观念结构的变化密不可分。靠一种理论难以同时解释复杂的制度体系的创立、维持和变迁等不同过程。

二、冷战时期联合国的有效性

中国国际关系学者对冷战时期联合国的作用一般评价不高，认为东西方冷战使得大国一致原则近乎荡然无存，联合国在冷战中的积极作用极为有限，特别是在涉及东西方斗争的领域更是无能为力。① 第二次世界大战后美苏从争夺霸权发展到全球对抗，联合国很快被淹没在冷战之中。② 不少美国学者也认为，控制联合国的多数派对待世界问题的态度是偏颇的，倾向于反对西方特别是反对美国；联合国是清谈的场所，大量无用的演说、决议、研究报告只是增加了联合国的花费却没有什么实际效果；联合国在履行维护世界和平这一首要职责方面不得力，因此也不再需要重视它。③

就前面所提出的分析框架而言，要评价冷战时期联合国在维持和平与安全方面的表现，需要把它放到当时的国际环境中去考察，尤其要联系国际权力结构、大国认同的变化来分析联合国的作用。

1. 冷战时期的国际权力结构

第二次世界大战结束后，国际政治的中心已不再是欧洲，英国、法国、德国、意大利都衰落了，美国和苏联成为当时综合实力最强大的国

---

① 张小明：《冷战及其遗产》，上海人民出版社1998年版，第214页。
② 李铁城：《联合国五十年》，中国书籍出版社1995年版，第308页。
③ 《联合国在当代世界中的作用》，载《联合国研究参考资料》第21辑，联合国研究课题组1992年版，第6—12页。

家，国际政治变为两极结构。1945 年美国独占资本主义世界工业产量的 60%，占世界贸易的 32.5% 以及黄金储备的 59%。[①] 第二次世界大战后美国的海军和空军都是世界一流的，且独家垄断了原子弹。苏联虽然在第二次世界大战中遭受巨大损失，但拥有一支世界上最强大的陆军，并很快成功研制出原子弹，再加上社会主义阵营的形成以及长期的高军费支出，从总体军力上可以与以美国为首的西方阵营相抗衡。但苏联的 GDP 明显低于美国。按米尔斯海默的财富指数对比（如表 4 所示），美苏之间的差距则更为直观。

表 4 1945—1990 年美国和苏联的财富对比

年份 国别	1945	1950	1955	1960	1965	1970	1975	1980	1985	1990
美国	84%	78%	72%	67%	67%	65%	63%	65%	66%	68%
苏联	16%	22%	28%	33%	33%	35%	37%	35%	34%	32%

注：这里的"财富"指的是钢、铁以及能源消费的综合指标。参见［美］约翰·米尔斯海默著，王义桅、唐小松译：《大国政治的悲剧》，上海人民出版社 2003 年版，第 97 页。

经济实力的差距使苏联在与美国的长期对抗中处于不利地位。1947 年杜鲁门主义的出笼标志着冷战的全面展开。冷战在政治、军事、文化、经济等多个领域都有表现，从而形成了两极结构的某些具体特点。如政治上两大力量（两种不同社会制度的国家）势不两立；军事上两大集团强烈对抗；两种类型的经济并行发展，交往较少；两大阵营内部基本上是一元结构、一个中心；两极结构长期相对稳定，从某种意义上说它是一种以地域为基础、以地缘政治为核心而形成的板块式经济和军

---

① 王绳祖主编：《国际关系史（1814—1871）》第 2 卷，世界知识出版社 1995 年版，第 27 页。

事格局。①

联合国成立时，冷战还没有发生，那时人们还希望它能成为强化集体安全的工具。冷战的爆发极大地限制了联合国的作用，冷战很快就在联合国得到了反映，联合国成为集团斗争的工具，斗争从联合国的一个部门转移到另一个部门。因此，联合国难以扮演在全球范围内提供集体安全的角色。

在冷战40多年的岁月中，美苏的攻守态势随着两国综合实力和各自领导人观念的变化而变化。总的来说，1945年到20世纪60年代末是美国的扩张阶段，美国凭借其在联合国的优势，尽量利用联合国从事一些有利于自己的活动，而苏联只好用否决权或其他方式进行防御。20世纪70年代是苏攻美守阶段，美国因越战、石油危机和布雷顿森林体系的瓦解，实力大为削弱，在联合国也处于防御地位。这一时期美国使用否决权的次数明显增加，超过了苏联。

尽管受到冷战的限制，联合国没有像国际联盟一样彻底走向死亡。在两极格局情况下，联合国还是有所作为的。这需要从大国对联合国的认同去分析。由于联合国提供的规范影响了大国的思维方式，从而影响了大国的行为，使它们在不知不觉中受到了联合国的制约。

2. 冷战时期大国对联合国的认同

联合国一诞生，就碰到了一个对抗的两极世界。在这种情况下，一方面，联合国成为冷战的场所；另一方面，联合国也积极填补真空，努力降低战争的烈度和周期，从而在核武器存在的时代里，降低了大国迎头相撞的可能性。

大国对联合国发挥作用的支持或默认，来源于联合国所提供的规范

---

① 李景治、林甦主编：《当代世界经济与政治》，中国人民大学出版社2003年版，第58—59页。

部分被大国所接受。这主要体现在《联合国宪章》和联合国有关决议所代表的新规范中。这些规范实际上可分为两大类：一类是强化主权的，一类是限制主权的。

两者之间虽然有冲突，但缺一不可。它们之间的张力正好体现了摩根索所说的国家主权和国际组织的效率之间的矛盾：国际组织要有效，就必须以限制其成员的行动自由为代价；成员国要强调它们的行动自由，就必然以损害国际组织的有效性为代价。只有国家愿意约束自己的行动自由时，规范才能起作用。

联合国关于强化主权的规范集中体现在三个规范上：不得侵害国家独立、主权平等；不干涉国家内政；民族自决和非殖民化原则。非殖民化原则使主权国家的数目急剧增加，从而扩大了联合国的权力基础，增加了其合法性。美苏在相互对抗中，也都举着非殖民化的旗帜，这不可避免地进一步加强了大国对非殖民化的认同，加速了战后殖民体系的瓦解。联合国在非殖民化领域的贡献，极大地提高了联合国的威望。因此，秘书长吴丹曾把联合国的三大贡献总结为"3D"，即非殖民化（Decolonization）、发展（Development）和裁军（Disarmament）。加利也认为，联合国成立半个世纪以来，所解决的重大问题都涉及非殖民化等与第三世界相关的问题。①

联合国提供的限制国家主权的新规范主要体现在以下三个方面。第一，国际关系中不使用武力和武力威胁的原则。这一原则是对过去几百年来国家的"诉诸战争权"的否定。凡与联合国宗旨相悖的使用武力或武力威胁的行为都是非法的。这对国家主权当然是很大的限制。因此，王铁崖指出，第二次世界大战以后的国际法的重要特征之一是从废

---

① ［埃］布特罗斯·布特罗斯-加利著，张敏谦等译：《永不言败：加利回忆录》，世界知识出版社2001年版，第360页。

弃战争到禁止武力的使用，战争和武力在国际法上的地位发生了根本改变。①

第二，促进和鼓励尊重人权的原则。全世界不论种族、性别、语言、宗教，都要尊重人权和最基本的自由权。主权和人权都是含义丰富的历史概念，在不同历史阶段和不同文化背景下，内涵差别很大。联合国强调尊重人权，不仅把着眼点放在维护国家的权力上，而且扩大到人的权利上，这当然也包括不同于国家单位的集体人权，如民族、种族文明应享有的权利。主权高于人权，还是人权高于主权的争论不仅是一个学术问题，也是一个在联合国实践中不能回避的问题。一旦接受了联合国限制主权的规范，就有必要要求国家认同联合国缔造和平的保护人权的原则。

第三，联合国建立前就存在的某些规范，即布尔所说的构成国际社会的规则、价值观、协议。这些是长时期起作用的社会要素，使国际社会具有内在的联系。布尔指出，绝大多数国家在绝大多数时候，都尊重国际社会的共处原则，比如相互尊重主权、协定必须得到遵守以及限制使用暴力的规则。同样地，绝大多数国家在绝大多数时候，都参与了如下共同制度的创建：国际法的形式与程序、外交代表制度、承认大国的特殊地位以及从19世纪以来所产生的普遍性国际功能性组织（如国际联盟和联合国）。② 正因为国际社会的存在，即使在东西方阵营对抗和分裂非常严重的时候，这些共同规范也在起作用。处于相互冷战中的国家并没有断绝外交关系，没有否认对方拥有主权，没有否定双方应该遵

---

① 王铁崖：《国际法引论》，北京大学出版社1998年版，第297页。
② [英]赫德利·布尔著，张小明译：《无政府社会：世界政治秩序研究》，世界知识出版社2003年版，第33页。

循共同的国际法,也没有主张把联合国分裂成两个敌对的组织。①

美苏的冷战以及相互对立的军事集团的建立,固然导致联合国的集体安全制度不可行,但即使如此,它们也都把自己的军事组织修饰成集体安全的样子。虽然双方的政治宣传都不太可信,但都表明联合国的规范不能被完全漠视,因为双方都要论证自己的行为符合《联合国宪章》的精神。《北大西洋公约》和《华沙条约》几乎原封不动地提到了《联合国宪章》的有关条文,两个条约都接受《联合国宪章》第一章第二条第3、4款规定的和平解决争端和绝不使用武力的原则,都赞同第五十一条、五十二条关于自卫和区域办法的规定。②

3. 联合国在维持国际和平与安全方面的作用

冷战期间,尽管安理会和联合国大会里充满了争斗,联合国的作用受到大国对抗的影响,但在维护世界和平与安全方面联合国还是发挥了不可替代的作用。中国资深外交家陈鲁直中肯地指出,联合国虽然没有重蹈国际联盟的覆辙,但这与两极结构不无关系。在两极对立的情况下,美苏通过不断的军事竞赛而达到核平衡,这是两极结构得以维持的物质基础,也是联合国得以存在的前提条件。联合国的集体安全机制没有建立起来,但在美苏对抗而又不愿意陷入直接冲突的局面下,它的维和行动却起到了缓和矛盾的积极作用。③

具体而言,联合国在削弱无政府性、促进国际和平方面的贡献,主要表现在联合国的规范对国家行为的影响上。

---

① [英]赫德利·布尔著,张小明译:《无政府社会:世界政治秩序研究》,世界知识出版社2003年版,第34页。
② 《联合国研究参考资料》第12辑,第8页。
③ 陈鲁直:《国际组织与世界秩序:为联合国成立50周年而作》,《国际问题研究》1995年第4期,第2页。

第一，调停大国间冲突，防止发生全球性战争。冷战期间大国间的直接对抗多发生在对于大国具有战略利益的地区。以古巴导弹危机为例，1962年美、苏之间的导弹之争使世界几乎走到了核战争的边缘。但经过联合国秘书长吴丹的斡旋，双方终于可以找到一个台阶体面地退下来。赫鲁晓夫当时面临的问题是，在第三世界国家部署导弹象征着苏联准备保卫任何受到美国威胁的友好国家，但这必然遭到美国激烈的军事反对。可以说，联合国秘书长把他从进退两难的困境中解救出来。秘书长与有关各方互致信函，交换意见，最后达成了一致。联合国的斡旋使赫鲁晓夫认为，苏联是服从一个国际机构最高官员的请求来缓和一次行将危及世界和平的危机。

第二，对大国侵略小国进行道义谴责。如1979年苏联入侵阿富汗后，从1980年起，每届联合国大会都以压倒性多数通过要求外国军队立即全部无条件地撤出阿富汗的决议，这使得苏联声誉扫地，在国际上陷于孤立。1983年和1989年美军入侵格林纳达和巴拿马后，联合国大会也都通过了要求外国军队撤走和谴责美军入侵的决议。[①]

第三，联合国推动非殖民化运动，使民族自决和国家独立蔚然成风，大量主权国家得以产生并加入联合国大家庭。联合国关于非殖民化的新规范主要体现在两个文件中：一是《联合国宪章》第十一章"关于非自治领土之宣言"；二是1960年联合国大会第1514号决议《给予殖民地国家和人民独立宣言》（也称《非殖民化宣言》），决议要求必须立即无条件地结束一切形式的殖民主义。1961年联合国大会成立了非殖民化特别委员会，该委员会在推动非殖民化进程中发挥了重要作用。它公开抨击殖民政策，为殖民地人民争取独立的斗争提供了法律讲坛；它展开关于殖民地政治、经济和文化的研究，为大会采取措施提供了依

---

① 李铁城：《联合国五十年》，中国书籍出版社1995年版，第103、121—122页。

据；它派出视察团，了解和监督《非殖民化宣言》实施的情况；当它感到其职权限制了自己作用的发挥时，就促成安理会采取强制行动。委员会的活动使联合国始终保持了对殖民大国的压力。① 联合国托管理事会圆满完成了托管任务，世界非自治领土的数目由联合国1945年成立时的84个下降到1994年0个。② 非殖民化成为一种规范并在全世界得到普及和认同，联合国的作用不容忽视。

第四，联合国维和行动极大缓解了地区热点冲突。联合国在冷战期间共实施了18次维和行动，③ 主要是在亚非拉动荡地区。这当中有三次维和行动格外引人注目，因为它们涉及新规范的制定和实行，在此对它们进行一个简单的说明。

联合国的第一次维和行动是1948年联合国停战监督组织的建立。其主要使命是监督阿拉伯国家和以色列之间达成的停火协议，监督阿以停战。参加这次维和行动的军事观察员人数虽然不多，但他们的做法所表现出的特点无疑是维和行动规范的萌芽。比如说，作为联合国工作人员，佩带联合国袖章；中立、公正而不偏向争端的任何一方，只报告根据停火协议所见到的客观事实；不佩带武器。④

1956年建立的第一支紧急部队是联合国的第一支维和部队。其主要使命是监督外国军队撤出埃及，监督埃及和以色列脱离接触。这里的外国军队包括了安理会常任理事国英法的军队。这次行动得以成行，既与美国在关键时刻向盟友施压有关，也与美苏的支持分不开，这反映出美苏共享某些规范的事实。

---

① 王文：《论联合国在推动世界非殖民化进程中的历史作用》，载陈鲁直、李铁城主编：《联合国与世界秩序》，北京语言学院出版社1993年版，第347页。
② 李铁城：《联合国五十年》，中国书籍出版社1995年版，第293页。
③ 门洪华：《和平的纬度：联合国集体安全机制研究》，上海人民出版社2002年版，第451—453页。
④ 李铁城：《联合国五十年》，中国书籍出版社1995年版，第78页。

时任联合国秘书长哈马舍尔德为这次维和行动制定了如下原则：（1）维和行动是《联合国宪章》中规定的临时办法，并不妨碍有关当事国之权利、要求和立场；（2）维和行动只有征得有关各方的一致同意才能实施；（3）维和部队只有在自卫时方可使用武力。人们把这三点概括为中立的原则、同意的原则和自卫的原则，并称之为"哈马舍尔德三原则"。①

1960 年的联合国刚果行动的主要使命是监督外国军队撤出刚果防止内战。这次维和行动在历史上备受争议，秘书长哈马舍尔德的遇难更使之增添了一丝神秘色彩。这次维和行动的不同之处是，在安理会的授权下，维和部队先是介入刚果地方势力同中央政府的纠纷，在中央政府发生分裂后又介入中央两派的斗争以及后来出现的新的中央政府与闹分裂的地方之间的冲突。② 联合国应不应该采取强制行动？如何采取？如何在一个国家分裂时征得该国同意而开展维和行动？是否要保持绝对的中立？刚果案例无疑创造了维和行动的新规范。

第五，联合国始终支持南非黑人反对种族隔离的斗争，推动了人权规范的国际化。《联合国宪章》倡导"不分种族、性别、语言或宗教，增进并鼓励对于全体人类之人权及基本自由之尊重"（《联合国宪章》第一章第一条第 3 款），后来联合国通过的《世界人权宣言》（1948 年）、《德黑兰宣言》（1968 年）、《发展权利宣言》（1986 年）、《维也纳宣言和行动纲领》（1993 年）都是人权规范的丰富和发展。联合国把人权规范和世界和平与安全联系起来，认为不消灭种族隔离，就无法恢复地区和平，这在联合国推动反对南非种族隔离的国际斗争中得到体现。

南非的种族隔离政策是一种制度化的对非白人的种族歧视，1946

---

① 李铁城：《联合国五十年》，中国书籍出版社 1995 年版，第 80 页。
② 李铁城：《联合国五十年》，中国书籍出版社 1995 年版，第 86 页。

年，当时印度指控南非政府制定了歧视印度血统南非人的法律。1952年，南非的种族隔离政策引起的种族冲突问题被列入联合国大会议程。关于这一问题和印度最初的指控，南非政府一直认为这本质上属于国内管辖范围，根据《联合国宪章》规定联合国不得加以审议。

多年来联合国各机构特别是联合国大会，为了向南非被压迫人民提供政治、道义和物质的支持而采取了各种措施。这些措施包括对解放运动表示支持，要求释放政治犯，进行体育方面的抵制，传播种族隔离制度罪恶的资料，召开有关这一问题的国际会议、组织纪念活动，以及援助种族隔离受害者的自愿捐款等。从 1962 年起，联合国大会多次敦促安理会对南非实行强制性经济制裁。联合国大会从 1970 年起中止南非的席位，1977 年安理会决定对南非实行强制性武器禁运，这标志着在联合国历史上第一次根据《联合国宪章》第七章对一个会员国采取行动。[1] 联合国对反对种族隔离的长期宣传，终于促使 1994 年新南非的诞生，种族主义的最后堡垒被攻破。

总之，尽管冷战左右了 45 年的全球政治，美国和苏联之间的对抗使安理会无法在维护国际和平与安全方面发挥主导作用。但是，如果没有联合国，1945 年之后的世界很可能更为血腥。20 世纪下半叶，国家之间的战争少于上半叶。考虑到在同一期间国家的数目增长了近四倍，人们有理由认为国家之间的战争将会有显著增长，然而事实并非如此。无疑，联合国发挥了重要作用。联合国通过若干途径削减了国家间战争的危险，创立了维和的行动；秘书长开展外交工作，斡旋国际危机和冲突；通过国际法院解决争端，并奉行反对侵略战争这一坚定立场。所有这些都促进了国际和平。

这里一个有意义的问题是，冷战时期国际权力分配基本上处于均衡

---

[1] 参考《联合国手册》，中国对外翻译出版公司 1988 年版，第 89—99 页。

状态，这是制度发挥效力的有利条件，但为什么此时联合国的有效性与冷战后力量对比失衡时相比反而较低呢？这是因为在冷战时期，大国对国际规范的认同度较低。造成这一结果的因素有两个。首先，共产主义文化与资本主义文化的强烈对抗，妨碍了对国际规范的遵守，各大国都把本集团的利益放在首位，并从意识形态出发界定自己的国家利益。其次，当时新的国际规范内化的程度很浅，尤其是限制国家主权的新规范，使大国很难接受。虽然共产主义和资本主义的相关规范在超级大国权力的支撑下，在一定程度上得到了遵守，但这种规范不能形成全球性的普世规范。冷战结束后，这种局面有了很大的改变，经过几十年的内化过程，制约性规范开始向构成性规范发展，尽管权力对比严重失衡，霸权国常常绕开联合国单独行事，但大国对联合国的认同比起冷战时期有了提高，这就保证了联合国效力的发挥。

三、冷战后联合国的有效性

1. 冷战后的国际权力结构变化

20世纪80年代末至90年代初的苏联解体和东欧剧变，标志着冷战的结束。由于苏联的解体，国际权力结构分配发生急剧变化。关于冷战后的国际格局，学界的争论较多，有"单极"说、"向多极转化"说、"一超多强"说、"一二三五多层结构"说（一个超级大国美国；军事上两强即美、俄；经济上三强即美、日、欧；政治上五强即美、欧、日、俄、中）等。但共同的看法是，当前的国际权力结构既不是多极，也不是两极。

表5说明，当前无论是GDP总量，还是军费支出，美国都有明显的优势。当前国际格局的霸权结构，在历史上未曾出现过。这样的霸权结构对联合国有效性的影响表现为，当霸权国积极地利用联合国并能遵

守国际规范时，联合国的效力高（如20世纪90年代初期的联合国）；但当霸权国试图以自己的国内规范替代国际规范时，将引起国际社会的动荡，联合国的有效性受到挑战。因此，当霸权国绕开联合国自行其是时，联合国的有效性受到削弱，但同时制衡霸权国的力量开始增长，国际规范的限制性作用更加突出，霸权国的行为将受到国际规范的约束。所以，在无政府状态的国际社会下，霸权国也不能为所欲为。

表5 2003年大国的GDP和军费支出

内容＼国别	美国	日本	德国	英国	法国	俄罗斯	中国
GDP比例	100	39	22	16	16	4	13.7
军费开支	100	12	8	11	10	20	14

注：GDP数据来自http://devdata.worldbank.org/data-query，军费开支数据来自http://www.corre.latesofwar.org/。二者都以美国的总量为100，对比其他大国所占的比例。

2. 大国对联合国认同度的强化与联合国的复兴

冷战虽已结束，但历史没有终结。资本主义文化没有成为普世的国际规范，在新的区域性规范形成之前，联合国背后的国际规范更受各国的重视。一些新的主权国家诞生了，它们迅速加入联合国，其合法性得到了国际社会的认可，联合国的权力基础和规范基础得到了加强。各国对联合国寄予了更多的希望。

大国对联合国的认同度也越来越高，大国在联合国的对抗急剧下降。这在海湾危机中得到了体现。1992年，联合国首次召开了五大国首脑会议，各国都表示要强化联合国的权威，要让联合国在国际事务中发挥更大的作用。虽然五大国对其中含义的理解不尽相同，但之后安理会否决权的使用减少，通过的决议增多，维和行动增加。安理会从半瘫痪状态逐渐恢复活力。

五大国在安理会享有平等的否决权,如果没有它们的一致认同,联合国无法从冷战的灰烬中复兴。其他各国并不是因为霸权国认同联合国,才提升了对联合国的认同,而是因为在国际无政府状态下,国际规范把各成员国联系在一起,从而形成更为紧密的国际社会。既然是国际社会就要有秩序,联合国能够提供一个合法的平台,各国在其中追求国家利益。霸权国无法单独提供一种国际制度,使其合法化并发挥效力。

下面简单地分析几个典型案例,它们体现了冷战后联合国在削弱无政府性方面效力的提高。

一个典型的例子是联合国对海湾战争的反应和行动。1990年8月2日,伊拉克入侵和吞并了科威特。安理会迅速做出反应,仅在海湾战争爆发前就通过了12项决议。这些决议先后采取了政治、外交、经济制裁一直到武力制裁的各种强制手段,以期制止侵略行为。尽管安理会尚无条件采取《联合国宪章》第四十二条所设想的最具强制性的军事行动,但它授权各会员国以安理会的名义采取措施,并最后由多国部队将伊拉克的军队驱逐出科威特,恢复了科威特的主权和领土完整。①

联合国在海湾战争中的表现集中体现了大国一致原则的重要性,这是联合国历史上最接近集体安全理论的一次强制行动,大大提高了联合国的声望,使主权国家看到了集体安全制度的可行性。在海湾战争结束后,安理会又组建了伊科观察团,对两国接壤的非军事区实施监督。安理会各常任理事国派军事观察员参加,这是五大国首次共同派员参加的维和行动。②

联合国在海湾战争中成功实施集体安全行动,使大国对其价值有了

---

① 李铁城:《从海湾战争看联合国的集体安全机制》,载袁士槟、钱文荣主编:《联合国机制与改革》,北京语言学院出版社1995年版,第110页。

② 李铁城:《联合国五十年》,中国书籍出版社1995年版,第126页。

新的认识。因此，1992年联合国五大国首脑会议进一步强化了秘书长的职责。加利回忆说："在这次安理会峰会上，我被要求承担比任何一位前任更多的责任。为了使这一授权名副其实，我将不得不维护自己职务的独立性，与反对我履行全体会员国赋予我的职责的任何会员国对抗，不管它是一个大国还是一个小国。"① 当时美国也想借助联合国建立世界新秩序，美国表示自己的军队要在联合国维和行动和采取预防性外交方面承担更大的使命，美国的行动要成为国际社会更广泛干预的催化剂。② 在这种背景下产生了加利的《和平纲领》。

3. 第二代维和行动的转向及其受挫

另一典型事件是联合国在索马里的维和行动。为了应对索马里因内战引起的人道主义灾难，联合国于1992—1995年实行了两期维和行动。第一期的主要目标为挽救生命，维护索马里各邻国的资源，减少饥饿与暴力的恶性循环。这期维和行动取得了一定的成功。第二期主要是用武力保障国际赈灾活动开展，强制解除索马里国内冲突各派武装，组建警察部队，协助索马里重建经济，主持成立新政府等。这些任务超过了维和行动的传统范围，全面介入了索马里内部事务，③ 后由于大量维和士兵遇袭身亡，联合国部队被迫撤出索马里，维和行动以失败告终。国内有学者认为，联合国索马里维和行动是历史上最惨痛的失败，是维和行

---

① [埃] 布特罗斯·布特罗斯-加利著，张敏谦等译：《永不言败：加利回忆录》，世界知识出版社2001年版，第27页。
② 宫少朋、朱立群、周启朋主编：《冷战后国际关系》，世界知识出版社1999年版，第81页。
③ 宫少朋、朱立群、周启朋主编：《冷战后国际关系》，世界知识出版社1999年版，第327—329页。

动的"滑铁卢之役"。①

　　索马里维和行动失败的主要原因是维和行动偏离了被主权国家认可的三项规范，即中立、同意与自卫的原则。这表明，联合国在其新规范远不成熟之前，不能轻易抛弃旧规范，规范的形成、传播与被接受需要时间。联合国的优势在于其中立地位和其规范的普适性，它不能过于倾向某大国的新观念。如果要发挥规范的作用，在建构规范的过程中，权力不是唯一的因素，有时甚至不是最重要的因素。

　　还有一个典型事件是联合国在南斯拉夫采取的维和行动，也颇有研究意义。冷战时期，联合国没有机会在欧洲从事维和行动。冷战结束后，原苏联和东欧地区民族冲突频发。南斯拉夫的解体过程所伴随的多场血腥的民族冲突，引起了国际社会的关注。联合国于1992年成立保护部队，开始执行维和任务。1995年根据安理会决议，南斯拉夫地区维和部队被一分为三，改组为驻波黑联合国保护部队、驻克罗地亚联合国恢复信任行动部队和驻马其顿联合国预防性部署部队。其中后两支维和行动部队因恪守维和的基本原则而获得了成功，尤其是在马其顿的预防性部署部队是联合国历史上第一次预防性外交的试验，也是联合国首次向没有发生冲突和战争的非联合国会员国（马其顿自宣布独立以来当时尚未得到国际上的普遍认可）派出维和部队。②

　　在波黑的维和行动由于得不到塞尔维亚族的合作而陷入了困境。于是，安理会通过决议允许北约介入，使用空中支援手段协助维和部队保护安全区。北约渐渐控制了波黑的局势，1995年底联合国维和部队彻底向北约执行部队移交了权力。

---

　　① 门洪华：《和平的纬度：联合国集体安全机制研究》，上海人民出版社2002年版，第325页。
　　② 宫少朋、朱立群、周启朋主编：《冷战后国际关系》，世界知识出版社1999年版，第330页。

从以上三个案例的分析可以看出，联合国要有效地维持和平与安全，必须区分面对的是外部侵略，还是民族冲突；是由秘书长指挥维和部队实行维和行动，还是由大国主导的多国部队实行维和行动；是维持和平，还是强制和平；失败后是由联合国承担责任，还是由大国承担责任。处理不好这些问题将损害联合国的声誉，过高的期望值一旦无法实现将使人们对联合国的认同走向反面。目前，如何在一个主权国家为主的世界召集和指挥一支部队，仍然是联合国的致命缺点。①

联合国在维和领域如此大规模和深入的拓展，在冷战时期是无法想象的，没有大国的认同是不可能实现的。维和行动的经验教训，恰恰说明了权力分配的限度和国际规范的重要性。即使有足够的权力支持，偏离国际规范和中小国家的认同，维和行动还是走向了失败。国际规范的结构虽然是隐性的，但并不是可有可无的。仔细研究国际规范结构的局限性，能使我们更加清楚国际制度能做什么，不能做什么。

4. 联合国当前面临的各种挑战

当前联合国面临的最大挑战是国际权力结构的失衡。所谓挑战，其含义包括霸权结构对联合国的影响，以及国际权力格局中第二梯队新兴市场国家的崛起对安理会构成形成的挑战。

首先，就霸权结构与联合国的关系这一方面而言，霸权与制度实际上有两面性，一方面是霸权国在建立和维持制度方面具有重要作用；另一方面是霸权国并不总是遵守制度，霸权国关注的是霸权结构的稳定而不是国际和平，因为维护霸权体系与维护联合国制度的有效性不是一回事。美国在冷战后对联合国的工具理性态度越来越明显，对其有用则强化之，对其不利则抛弃之。美国凭借实力，不断在联合国改革上做文

---

① ［美］爱德华·勒克著，裘因、邹用九译：《美国政治与国际组织》，新华出版社 2001 年版，第 219 页。

章，从机构改革到会费问题，从联合国的规范到秘书长人选，都显示出联合国承受的来自霸权结构的压力。

其次，德、日等第二次世界大战战败国的重新崛起是明显事实，它们要求改变第二次世界大战所形成的国际秩序，希望成为安理会常任理事国的呼声日切。从策略上看，它们之所以选择不去挑战联合国体系，一是因为霸权结构的存在，二是它们认为接受联合国规范符合自己的国家利益。因此，如何既反映大国权力分配，又能保证效率成为安理会面对的一大难题。

权力结构与国际制度有效性的关系并不像初看上去那么简单。奥兰·扬认为，从广义上说，权力分配越对称，开始建立一种制度安排就越困难；但一旦它得以形成，其有效性也越高。权力对称使得社会体系内为数众多的成员间达成协议成为必需，从而提高了形成规制的交易成本。但与此同时，对称又确保了任何个体都无法掌握足够的权力去藐视制度安排或对通行的制度安排进行改变。非对称性则起到相反的效果：严重的非对称性产生出权力精英（在极端情况下即为独裁者），可以把制度强加给其他社会成员，从而使得制度的形成相对容易；但这种非对称性又会降低制度的有效性，因为它允许团体中的一些成员可以无视制度的指令（只要他们认为这样做符合其目标），从而会引起其他成员的不满。①

非国家行为体的扩张与全球治理问题也对联合国提出了挑战。当前国际社会的一个突出特征是国际体系进程的越发复杂化。② 各种非国家

---

① ［美］奥兰·扬：《国际制度的有效性：棘手案例与关键因素》，载［美］詹姆斯·N. 罗西瑙主编，张胜军、刘小林等译：《没有政府的治理：世界政治中的秩序与变革》，江西人民出版社 2001 年版，第 209 页。

② 秦亚青：《观念调整与大国合作》，《现代国际关系》2002 年第 3 期，第 6 页。

行为体数目剧增，互动频度上升，其涉及的领域和施加影响的方式也呈现多样化。它们参与议程设定、政策制定和政策实施。① 非国家行为体既是新的权力因素，也是新的规范的提供者。它们力图打破国家对合法暴力的垄断，使自己的声音上升为新的国际规范。联合国自身作为一种非国家行为体，它同样既是国际规范的产物，也是新国际规范的来源。不过，作为非国家行为体的联合国，其基本单位是国家，因此非国家行为体等社会性力量对联合国影响的增大究竟是促进还是削弱了联合国的有效性，这仍有待观察。

联合国改革的深层次问题涉及规范的延续与转变。《联合国宪章》从制定之时起就充满了争议。发展至今，《联合国宪章》有过几次小的修改，主要是关于增加安理会非常任理事国与经济和社会理事会（简称经社理事会）理事国数目等非实质性问题。但冷战结束后，对联合国改革的要求既有技术性的，更有规范性的。安南秘书长在2005年3月21日向第59届联合国大会提交了题为《更大的自由：为人人共享发展、安全和人权而奋斗》的改革报告，呼吁关注人类安全，制定使用武力标准，定义恐怖主义，提升人权地位，这意味着要联合国进一步强化限制国家主权的规范。姑且不论这些要求能否实现，但从其被提上议事日程来看，其有可能对国家行为产生深远影响，以及对联合国的合法性和有效性形成严峻的考验。因此，联合国的改革反映了某些新的观念力图上升为国际规范的趋势。联合国又走到了十字路口。

---

① 王杰、张海滨、张志洲主编：《全球治理中的国际非政府组织》，北京大学出版社2004年版，第190页。

第五节 结 语

通过对于联合国的产生背景及在不同历史时期和不同国际权力格局下的行为比较，我们发现联合国这一机制的有效性并不是一成不变的。决定其有效性的，除了国际权力结构外，还有大国认同度的高低。在国际权力不均衡和大国认同度低的情况下，基本上很难存在有效的国际制度，即使是既存的国际制度，也可能会因为其有效性的缺失而以失败告终，国际联盟是其例子。而在权力较为均衡时，即使大国的认同度仍然不高，既存的国际制度仍然能发挥一定的作用，如冷战时期的联合国。当对构成国际制度的主要国际规范认同度较高的时候，即使国际权力不均衡，国际制度的有效性仍然可以得到保证，甚至可以在部分议题上发挥很大的作用，这是冷战后联合国有效性提高的根本原因。但是，在不均衡的国际权力分配结构下，特别是在霸权结构下，大国和霸权国对于国际制度所带来的压力又时常显著地降低其有效性，当前联合国所遇到的最大挑战即源于此。可以推断，在国际权力分配均衡，大国对构成制度的国际规范认同度高的情况下，国际制度的有效性是最高的，但这一推测目前缺乏有力的实证证据，我们只能从逻辑上推导或者在特殊情境下进行有限的验证。

在本文的研究工作中，大国的认同被化约为构成制度本身的国际规范的属性。研究发现，由于制约性规范和构成性规范的内在属性不同，使得大国在接受、建立起对它们的认同时难度不同。一般来说，相比规范性认同而言，大国更容易建立起对制约性规范的认同。但这并不是绝对的。随着大国对某些制约性规范认同的提高，也有可能接受在这一规范基础上所发展起来的规范性认同。当然，这只是出于研究的方便而对于现实的简化而得到的结论，在现实世界中这样的简化必然有较大的偏差，因为事实上对大国规范认同的影响因素是非常复杂的。不过，这样的简化对于我们思考和认识规范的建立和改变如何影响国际制度的效力是有帮助的。

作为重要国际制度的联合国，是战后人类在维护世界安全与和平的问题上的一次政治创新，在一定程度上使人类摆脱了国家间的丛林状态。即便是在20世纪中叶以来的国际政治的现实权力斗争中，联合国仍发挥了国际制度的独特作用。

全球化的逻辑与联合国的作用[*]

最近国内关于全球化的研究陡然升温。英国"脱欧"和特朗普上台是发酵剂，深层的原因则是全球化带来的后果日益扩大和加深，每个人都不能超然物外，独善其身。在许多欧美发达国家和一些发展中国家，弥漫着对于全球化的怀疑和悲观态度，全球化山穷水复，仿佛又走到了一个新的转折点。这次反全球化运动的声势之大前所未有，对当前全球化的现状以及走向做一个准确的研判，对即将出现的各种后果做好预案，可谓意义重大。

第一节 全球化是什么？

大家都在议论全球化，但对于全球化内涵的理解是否一致？全球化与国际化、跨国化、一体化等概念的区别是什么？这些问题回答起来恐怕要费些思量，社会科学中概念的多义性是一个令人头疼的事情，但这恰恰也是其魅力所在。

对于全球化的研究，不是任何某学科或交叉学科的专利，政治学、

---

[*] 本文发表在《区域与全球发展》2018 年第 1 期，为北京语言大学校级委托项目"中国中东欧国家合作机制研究"（项目编号：17XTS03）的阶段性研究成果。

经济学、社会学、文化学、历史学都从不同的角度定义着全球化。

　　经济学家也许是讲全球化最多的一类人，他们将全球化解释为欧盟、北美自由贸易区和亚太经济合作组织等地区的经济集团化趋势；社会学家用它来形容工业化、都市化在全球普及后带来的社会同构现象，如不断层化的阶级阶层、趋同化的大众消费口味、迅速恶化而又让人束手无策的各种生态危机；文化学家用它描述商业文化、大众娱乐、流行音乐等新艺术占据文化市场的世界潮流，以及各国知识分子影响力不约而同下降的尴尬趋势；历史学家用它来指人类社会发展到近代才出现的现代化过程，指地球逐渐"变小"、人的视野逐渐扩大、国家间互动逐渐增强、世界体系不断扩张；军事家和战略学者则经常把"全球战略"这样的词汇挂在嘴上，他们心目中的这一术语，意味着比过去范围更大的总体战略思想和谋略等。诸如此类，不一而足。[1]

　　除了不同学科导致的聚焦不同外，历史上对全球化现象的分类也看法各异：有按主导国分的，有按生产力的技术形态分的，有按全球化的广度分的，有按历史周期或世纪分的。但关于全球化的定义，都共同涉及以下几个角度：

　　一是全球化的本体论问题，即"什么是全球化"问题。较有代表性的说法包括资本的全球化；贸易、技术、金融、劳动力越过国界的全球化；资本主义的全球化；社会主义的全球化；民族、民族国家、殖民主义的全球化；民主、民族自决、非殖民化、意识形态、文化的全球化；全球性问题的全球化。庞中英认为，全球化代表着人类生产力和人际关系互动的规模达到全球范围，涉及全球的政治经济与人类生存、发展相关的一切方面。[2]

---

[1] 王逸舟：《国际政治概论》，北京大学出版社2016年版，第22—23页。
[2] 庞中英：《权力与财富——全球化下的经济民族主义与国际关系》，山东人民出版社2002年版，第239页。

二是全球化的认识论问题，即"如何全面准确认识全球化"问题。这方面的代表性观点有：全球化是一个不可阻挡的过程；全球化是客观规律；全球化是西方国家大力推动的一种主观政策，全球化就是西方化，西方化就是美国化；全球化是主客观的共同产物等。

三是全球化的价值判断问题，即"好的全球化和坏的全球化"问题。这方面有代表性的观点是全球化是"双刃剑"，既促进了人、财、物的有效配置，促进了思想文化的跨国传播，又带来了很多全球性问题，造成了文明的冲突。在全球化曲折式前进的过程中，始终伴随着反全球化、逆全球化和去全球化的运动与现象。全球化有输家和赢家，最近一波的逆全球化现象，反映了受损的民族国家采取措施，努力制衡全球化带来的产业空心化、贸易赤字、贫富不均、大量失业、恐怖主义泛滥以及汹涌的移民潮、难民潮，等等。

俞可平则认为，全球化过程本质上是一个充满内在矛盾的过程，是一个矛盾的统一体：它既包含一体化的趋势，又包含分裂化的倾向；既有单一化，又有多样化；既是集中化，又是分散化；既是国际化，又是本土化。① 这种全球化的矛盾说很好地揭示了全球化的动力来源以及全球化的复杂含义。

第二节 全球化的市场逻辑

一波一波的全球化大潮，其内在的动力源不止一个，市场、大国、非国家行为体、世界体系都是它的发动机。在这当中，与全球化最紧密

---

① 俞可平：《全球化研究的中国视角》，《战略与管理》1999年第3期，第98页。

的市场表现得最为突出。市场在古今中外都有，但自由市场模式和现代市场经济模式却是英美的贡献。发展到今天，世界上分别形成了美国的自由主义市场经济模式、德国的社会市场经济模式、日本的行政管理导向型市场经济模式，以及有中国特色的社会主义市场经济模式。这些模式各有千秋，都有学习模仿者，出现了"华盛顿共识"和"北京共识"等，这也是全球化的一种表现。

追求利润是市场的逻辑，市场的主角是公司，形形色色的公司为了逐利而行动起来，克服各种困难，完成各种资源配置，把大家需要的各种商品提供给客户。市场这只"看不见的手"好像具有魔法师的功能，点石成金。在荷兰、英国、美国、日本、中国都取得了让人难以置信的市场奇迹。市场要增加市场要素的流动性，其中贸易、投资、劳动力的移动最为关键。相比较，贸易"走出去"最为迅捷，利润的回收周期较短；而资本投资环节较多，风险上升；劳动力的自由移动最为缓慢，虽然在个别时期，尤其是战后劳力紧缺时，来自殖民地等低收入国家的移民受到青睐，但劳动力不是一般的商品，他们会携带着不同的宗教信仰、语言文化和生育传统，对移民地国家造成影响。在推动全球化的过程中，跨国公司日益成为最重要的力量。

一、跨国公司与全球化

跨国公司早期是殖民化的帮凶，20 世纪后期则因携带巨额资本、高科技、丰富的管理经验、可观的税收和就业机会、非意识形态化而受到各国政府的欢迎。一些巨型跨国公司，经济规模上富可敌中等国家，全世界 20 大经济体中，排名后 10 位的绝大多数是跨国公司，全球 100

大经济体中，有一半是跨国公司。① 在2017年公布的财富世界500强公司榜中，美国有132家，中国有115家，日本有52家。在前10名中，中国有3家，分别为国家电网、中国石化和中国石油，分列第2、第3、第4名。② 中国的巨型公司在海外有着大量的业务，中国的公司已经深度融入当今全球化的进程中。

跨国公司推动全球化的方式是推动经济全球化。跨国公司在全球范围开展其生产和经营活动，带动资本、技术、商品、人力、服务等在全球范围的流动，从而大大推动了经济全球化进程。跨国公司对推动全球经济一体化也起着重要作用，大的跨国公司本身都是有全球经营战略、严密组织、科学管理、统一指挥的一体化组织。它们所到之处，也就把东道国经济不同程度地纳入其经营活动之中，从而促进了全球经济一体化。

经济的全球化和一体化，不可避免地要求法律保障、标准统一、公平竞争、性别平等，关注利润能否安全收回，以及东道国政府的效率与国际信誉等。同时，市场经济有它本身的道德诉求、经营文化、消费理念与模式，所以经济全球化必然伴随着文化与文明的交流。经济的全球化伴随着巨大的政治力量、文化力量流向全球每一个角落，与原有的生态产生剧烈的碰撞，最后的结果是要么冲突，要么妥协。这当中，跨国公司所产生的巨大的负面效果也不能忽视，它构成了全球化的另一个侧面。

---

① 苏长和：《在新的历史起点上思考中国与世界的关系》，《世界经济与政治》2012年第8期，第15页。
② 《2017年财富世界500强排行榜》，财富中文网，2017年7月20日，http://www.fortunechina.com/fortune500/c/2017-07/20/content_286785.htm。

二、跨国公司的负面性

历史上，跨国公司曾造成危机、战争，对他国政权、民族具有很大的杀伤力。即使在跨国公司面临更多的自律和他律的今天，对它与生俱来的巨大的外部性和投机性都要仔细加以研究并予以防范。就像马克思转引的那句有名的话："资本害怕没有利润或利润太少，就像自然界害怕真空一样。一旦有适当的利润，资本就会铤而走险，就敢践踏一切人间法律，就敢犯任何罪行，甚至冒绞首的危险。"这句话在今天依然很有参考价值，因为跨国公司本质上仍是资本的化身。

例如，2008年美国金融危机所导致的全球性经济衰退，到目前还没有得到根本性的缓解，其根源是美国的金融跨国公司金融泡沫的破灭。正是这场全球化的危机，导致了英国"脱欧"、特朗普上台以及众多政治极化和社会分化现象的发生。

新兴经济体在这场全球化危机中的表现总体上优于发达国家，危机催生了二十国集团、金砖国家等新型全球治理机制。在全球性的经济危机面前，各国政府纷纷施以援手救市，即政府的宏观调控开始起作用。资本家们渡过了危机，依旧收入丰厚，危机的代价落在了普通老百姓身上，因为救市的资金来源于纳税人。所以底层百姓对当局和体制的不满也迅速全球化了，反全球化和反一体化的民粹主义成为风潮。朱文莉评价道，搅动2016年大选的与其说是特朗普、桑德斯等政坛新星，不如说是被他们激发和调动的愤怒群体。这两个群体——45—54岁高中以下学历的白人和30岁以下具有高等学历的年轻人——的愤怒针对的是麻木不仁的传统政治过程，而他们愤怒的来源则是对经济不平等、社会不公正的痛切感受。值得注意的是，这种感受绝不限于上述两个群体，而是普遍存在于美国多数社会阶层。近年来美国学界和政策人士的研究分析表明，美国社会各阶层的感受确实反映了两极分化的经济现实。①

跨国公司基于成本收益，在不同的国家和领域，有退有进，甚至有部分巨型公司陨落，比如通用汽车、克莱斯勒、雷曼兄弟、安然、夏普、三洋等，但大部分跨国公司不断膨胀，新的跨国公司又在崛起，利润的刺激成为它们走向全球化的巨大动力。

三、网络技术使时空缩短，全球化如虎添翼

互联网的普及对于穿透国家的边界起了巨大的作用，互联网正在打破国家对信息、技术和资金的有力掌控，每个人都成为一个终端，成为发布信息和知识的来源。人们在虚拟空间的交流日益便捷，虚拟空间成了全球化的新场所，在互联网上几乎可以买到一切。"互联网+"颠覆了很多传统产业，电信、银行、商场、学校、医院都要与时俱进，思考和互联网的结合与创新，否则就会被淘汰出局。可以说，有了互联网，真正的全球化才得以形成。军火、毒品和恐怖主义的全球化也暗潮涌动，全球化的负能量也随之被放大了。这一点正如黄仁伟指出的，有了互联网，才有全球同步的金融市场，没有时区限制。海洋航路、空中航线、跨洲铁路公路都不能与之相比。这才是完整意义上的全球化，以往任何时代都没有这样的全球化。非全球化、逆全球化等现象也是由网络产生的，甚至"特朗普现象"也是网络的产物。所以，没有网络化，就没有真正的全球化。② 在全球网络公司中，中国的阿里巴巴、腾讯、京东与美国的亚马逊、谷歌、脸书并驾齐驱，平分天下。

---

① 朱文莉：《当政治极化与社会分化同行——对大选年美国的初步观察》，载王缉思主编：《中国国际战略评论》，世界知识出版社2016年版。
② 黄仁伟：《从全球化、逆全球化到有选择的全球化》，《探索与争鸣》2017年第3期，第40页。

第三节　全球化的大国逻辑

全球化的进程，离不开大国的推动。每一个时期，都有不同的大国在国际事务中扮演着主导国的角色，它们决定了国际政治的结构，书写了国际政治的游戏规则。国内学界最近掀起了新一轮全球化的研究，其中关于全球化的起点研究，有学者追溯到"丝绸之路"，有的定位于地理大发现，有的认为是 1870 年，有的认为真正的全球化始于冷战后。①在过去全球化的长周期中，英国和美国的主导性作用最为明显。

一、英国与全球化

英国在 19 世纪是全球化的推动者。英国是工业革命、市场经济的故乡，凭借先进的科学技术、优秀的公务员队伍、先进的议会制度而富国强兵。在强大的海军支撑下，英国一方面高举自由贸易的旗帜，一方面占领了世界上最多的殖民地，英镑扮演了世界货币的作用，日不落帝国的荣光至今被英国人所怀念，英国用自己的模样改造着世界，英国学者所津津乐道的国际社会在世界范围内的拓展正是英式全球化的体现。

---

① 参见霍建国：《经济全球化发展的大趋势不可逆转》，《全球化》2017 年第 1 期；蔡拓：《被误解的全球化与异军突起的民粹主义》，《国际政治研究》2017 年第 1 期；徐坚：《逆全球化风潮与全球化的转型发展》，《国际问题研究》2017 年第 3 期；周琪、付随鑫：《美国的反全球化及其对国际秩序的影响》，《太平洋学报》2017 年第 4 期；汪信砚：《全球化与反全球化》，爱思想网，2008 年 12 月 15 日，http://www.aisixiang.com/data/23293.html；王湘穗：《美式全球化体系的衰变与前景》，《文化纵横》2016 年第 6 期。

英国靠船坚炮利在世界上强行推动全球化，与当时的欧洲列强展开大国协调，缔造了所谓的欧洲百年和平。英式全球化带来了殖民主义的全球化，欧洲列强和日本争先恐后加入到这个掠夺殖民地利益的大潮中，殖民主义摧毁了殖民地和半殖民地的经济，同时为新世界的诞生准备了物质基础。英式全球化同时带来了资本主义的全球化，将自己的生产方式、价值观念与社会制度等强制性推向全世界。正如马克思和恩格斯所说："资产阶级，由于开拓了世界市场，使一切国家的生产和消费都成为世界性的了。……过去那种地方的和民族的自给自足和闭关自守状态，被各民族的各方面的互相往来和各方面的互相依赖所代替了。物质的生产是如此，精神的生产也是如此。各民族的精神产品成了公共财产。民族的片面性和局限性日益成为不可能。"①

英式全球化也催生了第一次世界大战，带来了多次大范围的经济危机，尤其是1929年的大萧条，标志着英国无力再主导全球化，其霸权地位随着第二次世界大战的进程逐渐和平转移到美国手中。

二、美国与全球化

美国是个移民国家，有着推动全球化的天然优势。优越的地缘政治、恰到好处的参战时机与三权分立的资本主义制度结合在一起，一步步把美国推到霸权的位置。1894年美国的工业产值成为世界第一，第二次世界大战结束时，美国依靠军事胜利和经济实力，建立起包括关贸总协定、布雷顿森林体系、世界银行、国际货币基金组织和联合国等一整套全球制度体系，把实力转化为制度性权力，开始全面主导全球化的历史进程。如果冷战时期，两个平行市场的存在还不足以完全符合全球

---

① ［德］马克思、恩格斯著，中共中央马克思恩格斯列宁斯大林著作编译局译：《马克思恩格斯选集》第1卷，人民出版社1995年版，第275—276页。

化的本质,那么冷战结束后,凭借发端于美国的信息技术革命,一超独大的美国霸权超过了英国霸权,其霸权体系包括了政治、经济、军事、文化等方面,历史的终结说甚嚣尘上,美国的生活方式等软实力在全球广泛传播。

美式全球化是真正意义上的全球化,黄仁伟把美式全球化的逻辑链归结为"美元全球化—非市场经济国家融入世界市场,成为全球化的组成部分—互联网的出现把全球真正连成一体—巨量信息在世界范围内同步流动—全球产业链、供应链和价值链的重新配置—20世纪90年代后期开始出现一系列全球性危机—全球治理开始全覆盖、机制化",[①]这非常形象地再现了20世纪90年代以来美国对全球化的巨大影响。

由于美元是国际关键货币,美国是流动性的主要提供者,其他国家需要美元作为外汇储备,美国政府必须发行超过自身需要的美元。既然美国政府通过发行债券为其他国家供应美元,它自然就有比它自己"赚来的钱要多很多的钱可以花"。[②]美国过度地消费、发行美元,既削弱了本国的竞争力,又给世界经济生态和金融秩序带来灾难性的影响。2008年的金融危机已经过去了10多年,仍没有得到根本性的好转。特朗普上台后,"退"声一片,退出跨太平洋伙伴关系协定,退出《巴黎协定》,退出联合国教科文组织,威胁退出北美自由贸易协定、世界贸易组织、美韩自由贸易协定、伊核协议,这些举措显然是逆全球化而动,全球化遭遇困境是明显的事实。

---

① 黄仁伟:《从全球化、逆全球化到有选择的全球化》,《探索与争鸣》2017年第3期,第40页。
② 高柏:《全球化逆转的因果机制是什么》,载王辉耀、苗绿主编:《全球化VS逆全球化:政府与企业的挑战与机遇》,东方出版社2017年版,第56页。

三、中国与全球化

在全球化的冬天，中国旗帜鲜明地支持全球化。而在这之前，中国对待全球化的态度也经历了一个逐渐认识的过程。

2016年二十国集团领导人杭州峰会，中国提出了全球化的中国方案；2017年1月达沃斯经济论坛，习近平主席向世界展示了中国能为全球化所作贡献的前景；2017年5月，首届"一带一路"国际合作高峰论坛在北京举行；2017年9月，金砖国家领导人第九次会晤在厦门召开。这些构成了中国引领全球化的宣示和具体步骤。这一系列组合拳，将为困境中的全球化注入新动力。

2008年是世界经济的一个分水岭，中国崛起速度加快。2010年中国GDP超过日本，成为世界第二大经济体。当前，中国在进出口、对外投资、外汇储备、旅游市场方面举足轻重，已经成为世界经济最大的"发动机"和全球贸易的"压舱石"。中国将为世界各国提供更可观的市场、资本、产品和合作契机。

更为重要的，中国不但在器物层面给全球化以有力的推动，而且在理念上也推陈出新，引领世界。这就是全球化中国方案的四大原则和五大目标。有学者形象地把中国方案称为"中式全球化"。[①]

四大原则指的是：第一，以平等为基础，确保各国在国际经济合作中权利平等、机会平等、规则平等；第二，以开放为导向，不搞排他性安排，防止治理机制封闭化和规则碎片化；第三，以合作为动力，共商规则，共建机制，共迎挑战；第四，以共享为目标，提倡所有人参与，

[①] 贾文山、江灏锋：《新型全球化VS逆全球化》，载王辉耀、苗绿主编：《全球化VS逆全球化：政府与企业的挑战与机遇》，东方出版社2017年版，第108—117页。

所有人受益。① 可以看出，平等是"中式全球化"的出发点，共享是"中式全球化"的目标，而开放和合作则是"中式全球化"的方法论。这与前文中分析的"英式全球化""美式全球化"形成了极为鲜明的对比。

五大目标指的是：一是平等相待、互商互谅的伙伴关系；二是公道正义、共建共享的安全格局；三是开放创新、包容互惠的发展前景；四是和而不同、兼收并蓄的文明交流；五是尊崇自然、绿色发展的生态体系。② 这五大目标，是中国共产党人治国理政的经验总结，与党的十九大报告再次强调的"五位一体"的总体布局遥相呼应，反映了中国特色社会主义的经济、政治、文化、社会、生态文明五个方面建设经验的世界价值。

四大原则和五大目标，最突出的特征是关系本位，把安全、发展、文明与生态等重大议题放在一种全人类和谐相处、共商共建共享的命运共同体中考量，凸显了中国文化的整体特征和特点，也表明了中国共产党有决心化解各种所谓的陷阱，拥有为全人类谋福祉的胸怀和使命感。

四大原则和五大目标与美国特朗普政府2017年发布的《国家安全战略报告》形成了鲜明的对比。如果说中国的倡议是关系本位，特朗普的《国家安全战略报告》则是权力本位，追求的只是美国的权力和权利，而不顾及别国的权利，更是蔑视全球化等全球性公益的公害，而一个枉顾全球化的现实，追求单边主义和一国私利的战略，注定是行不通的。③

---

① 《习近平在二十国集团工商峰会开幕式上的主旨演讲》，新华网，2016年9月3日，http://news.xinhuanet.com/world/2016-09/03/c_129268346.htm。

② 《习近平在秘鲁国会的演讲（全文）》，新华网，2016年11月22日，http://www.xinhuanet.com/world/2016-11/22/c_1119962937.htm。

③ 《专家：美国新版国家安全战略报告不利于大国之间的合作》，俄罗斯卫星通讯社，2017年12月20日，http://sputniknews.cn/opinion/201712201024320199/。

中国的文化、经济体量，中国的发展模式以及政府动员力，使中国有能力引领全球化走出困境。当前中国对联合国外交的日益推崇，中国对人类命运共同体理想的追求，使得联合国面临着前所未有的机遇。中国从各个方面大力支持联合国的行动，将使联合国获得引领全球化的资源和能力，从而克服和平赤字、发展赤字和治理赤字。中国文化的超稳定结构，会成为联合国文化壮大彰显的肥沃土壤。

第四节　联合国与全球化的全球逻辑

联合国既是全球化的产物，又是全球化的有力推动者。联合国作为全球最有代表性的国际组织，最有资格充当全球化的引路人。因为其极高的合法性，联合国适宜做大国协调的平台，主权国家与非国家行为体（包括跨国公司）的纽带，[①] 以及国际规范的提倡者和传播者。和平、发展与人权都是全球化的正能量，也是联合国孜孜以求的目标。而当前日益增多的全球性问题，都迫切需要来自联合国的动力，比如核扩散、贫富差距悬殊、生态环境恶化、气候问题、资源紧缺、毒品泛滥、国际恐怖主义、民族分裂主义、难民潮、信仰危机、网络安全等等。

2018年1月1日，联合国秘书长古特雷斯发表新年致辞，再次围绕严峻的全球性问题向世界发出红线警报，呼吁各地领导人缩小差距、弥

---

① 比如联合国在2000年曾发起"全球契约"计划。"全球契约"计划号召各公司遵守在人权、劳工标准、环境及反贪污等方面的十项基本原则。联合国想以此推动十项原则在世界各地的企业活动中主流化，催生更广泛的支持联合国发展目标的行动，包括千年发展目标。联合国的建议不仅得到很多国家和国际工会组织的坚决支持，而且也取得了企业界和国际雇主组织的积极响应。

合分歧，通过把人们聚拢到实现共同的目标来重建信任。秘书长是联合国的最高行政长官，也代表了联合国的道德权威，他围绕联合国发出的声音，足以代表人类在全球化问题上的共识，他用七种语言（依次用英文、阿拉伯文、中文、法文、俄文、西班牙文、葡萄牙文）向全球每一个人和组织说"谢谢"，释放联合国的善意和希望。

冷战时期，联合国因为大国争斗而被边缘化；冷战结束，联合国一度焕发了活力。安理会五个常任理事国共同赋予联合国更大的使命，所以时任秘书长加利发挥政治主动性，先后起草《和平纲领》与《发展纲领》，一度让全世界相信"真正的全球化时代到来了"。但实际上，在美国的掣肘下，加利连任秘书长失败，联合国也未能完成《联合国宪章》赋予的使命。另外，联合国在第一次海湾危机中的"集体安全行动"经常为人们所乐道，但大国一致、共卫和平的场景只是昙花一现，联合国此后再次陷于分裂之中。

联合国自1945年以来在许多全球性问题上贡献很大，具体包括：维护国际和平与安全，和平解决国际争端；提供国际社会论坛和谈判的场所；管理和组织协调国际事务，合理分配国际资源；为世界制定规则、议程，组织和推动国际立法。[①] 特别是在维和行动、引领发展议程、非殖民化、制定国际法等全球化的各个领域功不可没。事实证明，只要大国一致，联合国可以担当全球治理的重任，英国、美国和中国都是安理会常任理事国，对于全球化的顺利发展和全球性问题的治理负有特殊责任。联合国的成立和运转已经付出巨大的成本，大国应该珍视它，使之充分发挥作用。

当然，联合国在很多方面还不完善，需要改革。中国目前是联合国第三大会费捐助国与维和经费的第二大捐助国，在五个常任理事国中派

---

① 贾烈英：《联合国70年：成就与挑战》，《学习时报》2016年1月25日。

出的维和士兵最多。中国认为联合国代表了人类的共同价值,是战后世界秩序的象征。中国的共建"一带一路"倡议和构建新型国际关系、构建人类命运共同体的理念与《联合国宪章》的精神高度契合;中国力推的各种全球或区域合作方案都构成对联合国的支撑,二十国集团、金砖国家、上海合作组织等,莫不如此。中国的深度参与和全面支持,为联合国推动全球化增添了可靠引擎。

当年全球化的两个领头羊英国和美国,有人戏称"一个忙于'脱欧',另一个忙于脱联合国"。表面上看好像如此,但冷静判断,英国与欧洲、美国与联合国的联系是剪不断的,国际关系史已经证明,没有一个国家能实行完全的单边主义和完全的多边主义,联合国是钟摆的中间部,是理想主义和现实主义的结合,美国的联合国外交不等于一些极端人士的言辞,分权机制会保障美国的联合国政策和全球化政策不会偏离正轨太远。

安理会前秘书长安南曾呼吁构建兼容并蓄的全球化。今天,联合国在重塑全球化方面面临着新机遇。具体包括:维护自由贸易体系,完善并充实贸易规则,继续推进多哈回合谈判进程,并鼓励各种区域自由贸易协定的发展;将《联合国 2030 年可持续发展议程》作为推进全球化的基本路径;以人为本,呼吁各国重视贫富差距和弱势群体的失业问题;有效防止全球系统性金融风险,保障全球化的顺利进行。

要想解决全球性问题,需要全球的逻辑,联合国人民应该充满"人类为体,全球为用"的理想和情怀,树立全球命运共同体意识,批判权力政治回潮、国家中心主义回潮、民族主义回潮。[1] 只有这样,联合国才能更强大,世界才能更美好,人类希望的全球化才能到来。

---

[1] 秦亚青:《权力·制度·文化:国际关系理论与方法研究文集》,北京大学出版社 2016 年版,第 405—414 页。

国际组织实证篇

联合国：开展公共外交的大舞台[*]

联合国是最具普遍性的政府间国际组织，是全球治理的重要平台。从公共外交的定义入手，重新梳理公共外交的主体，可以把国际组织界定为公共外交的重要主体之一，并以联合国为案例，从工具、平台和主体三个角度分析联合国的公共外交的作用。放眼权利政治时代的来临，全球治理和公共外交将互为依托，相互促进。

一说到公共外交，人们总容易联想到这是政府行为，是一国政府为了自己的国家利益，针对其他国家的民众所采取的公关行为。但随着公共外交的全球化和社会化，随着公共外交范围的扩大和内涵的多样化，人们越来越质疑公共外交是政府的专利。本文拟以联合国为例，探究公共外交的应有之义以及国际组织在未来的公共外交中所扮演的角色。

第一节　公共外交的主体及其转型

关于公共外交的主体是谁，学界似乎达成了一些共识。比如我国公共外交领域的专家韩方明的定义是，一个国家为了提高本国知名度、美

---

[*] 本文发表在《公共外交季刊》2015年第4期。

誉度和认同度，由中央政府或者通过授权地方政府和其他社会部门，委托本国或者外国社会行为体通过传播、公关、媒体等手段与国外公众进行双向交流，开展针对全球公众的外交活动，以澄清信息、传播知识、塑造价值进而更好地服务于国家利益的实现。公共外交领域另一位领军人物赵启正对公共外交的定义更是家喻户晓。他认为，公共外交是指政府外交以外的各种形式的，面对外国公众，表达本国国情的，意在提高外国公众对本国形象的认知度的国际交流活动。外国公众对本国的友好态度会改善外国政府对本国的外交政策。公共外交的行为主体包括政府、社会精英和普通公众三个方面，其中政府是主导，民间组织、社会团体和社会精英是中坚，广大公众是基础。这两个定义的共同之处是都认可公共外交的主体是国内本位。

在全球化和信息革命的推动下，国际体系和外交形式都处于深刻的转型中。国际关系的行为体日益多样化，非国家行为体在公共外交中日趋活跃，李华在《国际组织公共外交研究》一书探讨了国际组织在公共外交中的作用，是国内为数不多的从国际组织角度研究公共外交成果的学者。荷兰学者梅利森在《新公共外交：理论与实践》一书中，提出了新公共外交的概念，其中包括三个因素：首先，公共外交不仅限于国家，其他的行为体，如国际组织、非政府组织也可以进行公共外交，外交不是在以国家为中心的层次模型，而是在网络环境下进行操作的；其次，虽然公共外交的对象是国外的民众，但不能完全与国内的民众分开，公共外交与公共事务是有紧密联系的；最后，公共外交是条双向路，国家政府需要同国外民众对话。

结合以上专家的不同观点，笔者认为公共外交的定义应拓展如下：公共外交是指除传统的 A 政府—B 政府交往以外的所有的以他国民众为对象的跨越国境的相互交往，而不论这个主体是谁，这种交往既包括发生在物理空间的互动，也包括发生在虚拟空间的互动，而且是双向的。

第二节　全球对话网络

国际组织是一类非国家行为体，当今它与全球公民的互动密不可分，尤其是以联合国为代表的系统，既是当今国际体系和国际秩序的体现，也是国际制度的平台和国际规范的承载者，研究它对公共外交的影响意义深远。联合国没有属于自己的人口、军队和领土，但它是世界上最大的公共外交机构，经过日趋复杂的活动，它已经编织成一个全球对话网络。谈到国际组织，人们一般从工具、平台和行为体三个角度进行研究，联合国也不例外。

首先，联合国是各种国际关系行为体利用的工具。国家用它，各种国际组织和非政府组织用它，公司、学者和普通个人也用它。

其次，联合国是各种国际关系行为体互动的平台和网络。通过联合国，国际组织和各种非政府组织相捆绑，与国际社会同呼吸共命运。联合国是最大的多边外交的舞台，拥有纽约总部和日内瓦、维也纳、内罗毕三大办事处。笔者在1999年，作为非政府组织的一分子，也曾在联合国总部考察，倾听了联合国大会一般性辩论，深切体会到这一平台的重要。因为有这个平台，冲突得以化解，合作终将实现，国际政治民主化得以推广和深化。

最后，联合国不仅是对话的网络，还是对话者，这一条对了解联合国的公共外交功能至关重要。联合国代表了现在国际组织85%的比重。其开展的活动形式总结如下：第一，联合国的决议、声明、斡旋、谴责、维和、仲裁等都是与国际社会、与联合国人民的互动方式。截至2023年底，联合国有193个成员国、15个专门机构，有电视、电台、网站、新闻中心、大学，它们都在各自的领域开展活动，传播信息，关注着全球公民的生存、安危、饥饿与尊严，推动着人权的实现。联合国因其出色的表现七度获得诺贝尔和平奖。2014 年诺贝尔奖得主马拉拉和萨蒂亚尔希致力于儿童权利的保护，马拉拉被潘基文亲切的称为"联合国的女儿"，二人取得的杰出成就和联合国系统的支持引导是分不开的。第二，联合国是全球伦理价值和法理主义理念的供给者，是信息的集散地，它教会了其他行为体如何界定和捍卫自己的利益，随着新媒体的普及，这种功能更加强大。第三，联合国和各种非政府组织也形成了紧密的相互依存关系。非政府组织通过咨商、建议、游说等方式，在国际会议的准备阶段和会议当中能对各国民众、政府、政府间国际组织施加影响，从而使自己的理念和要求反映在官方决策和法律文件中。刘贞晔在《全球公民社会研究：国际政治的视角》一书中，有两个关于非政府组织的案例是新公共外交的生动体现。一是在裁军和反核运动中，由科学家等专业人士组成的帕格沃什运动所发挥的独特作用。他们通过体制内接触和影响决策，塑造政府决策的军控思维，促进对话与缓和矛盾，推动了国际军控公约的形成，比如《部分禁止核试验条约》和《限制反弹道导弹系统条约》。二是大赦国际和全球禁止酷刑运动显示了全球公民社会在设计人权议题和推动新的人权规范形成所具有的实质性影响。第四，联合国系统的国际公务员是推动公共外交的重要力量。他们秉承《联合国宪章》精神，忠于联合国的职守，在秘书长的领导下，专诚为国际社会服务，超然独立，不听命于任何政府或其他当局，亦不受其干涉，律己从公，唯联合国利益为重。各国驻联合国使团也利用联合国这个多边外交平台，积极地开展公共外交，影响舆论，影响民众。第五，联合国也非常重视对各国国际人才的培养，形式多样，有联合国青年大会、区域性的学者论坛、模拟联合国、人权知识培训、国际公务员培训、军事观察员培训、联合国实习方案、联合国译训班、联合国协会世界联合会举办的活动等，甚至对于来联合国总部参观的游客，也安排导游陪同，详尽介绍联合国及其活动。例如由隶属于联合国非政府组织的友善大使基金会发起的联合国青年大会，是由联合国新闻署和友善大使基金会联合主办的，得到联合国协会世界联合会、联合国教科文组织、联合国儿童基金会、联合国环境规划署和联合国友好理事会等机构大力支持的世界性青年大会。大会每年8月在美国纽约联合国总部召开，吸引全世界70多个国家和地区的千余名青年（16—26岁）参加。大会通过参观联合国总部、参加志愿者工作和参与模拟联合国会议等一系列活动，帮助和鼓励青年培养世界公民意识，积极投身公益事业，建立"立足本国，关怀世界"的国际观，传播联合国千年发展目标方向，甄选全球青年领袖，并奖励各国在人类生存和世界发展方面作出突出贡献的优秀青年组织和个人。第六，联合国大力推动文化交流，推动文明与宗教对话，弘扬《联合国宪章》精神，致力于人类权利政治的实现，具体形式有开办哈马舍尔德图书馆、画展、音乐会、礼品展、饮食节、语言日等。例如，服务于世界范围内的跨国企业公司、团体和其他组织间的国际性友好交流的国际非政府组织联合国国际友好交流协会，其会员包含来自于世界范围内的优秀的企业家、知名品牌公司、著名经济学者、文化传播使者、知名艺术家以及各领域的知名专家学者。

第三节　全球治理与公共外交

当前，随着全球化的加深，全球性问题日益凸显，任何一个国家都无力解决全球性问题。国际金融危机的深层次影响还未消除，贫困等全球性问题仍未解决，地区热点此起彼伏，恐怖主义、网络安全等非传统安全威胁上升，维护世界和平、促进共同发展依然有很长的路要走。在此背景下，国际社会对联合国的期待上升，联合国肩负的责任也更加艰巨，联合国的作用只能加强而不能削弱。

在联合国成立70周年之际，2015年9月，习近平主席在纽约出席联合国大会一般性辩论时发表讲话，明确表示了对以《联合国宪章》宗旨和原则为核心的国际秩序和国际体系的支持，这种支持既有人、财、物的支撑，更有理念上的认同。2015年10月12日，中共中央政治局就全球治理格局和全球治理体制进行第二十七次集体学习，联想到党的十八大报告中两次提及全球治理，可见中央对全球治理的重视。

冷战后的世界，出现了许多全球性问题，这些问题跨越国界、超越国别，对整个人类形成威胁。联合国尽管历史上屡被诟病，但其合法性无可替代，国家、非国家行为体都可以和联合国一道，共商解决全球性问题的大计。由于现在国际体系本质上仍处于威斯特伐利亚时代，民族国家不会很快消亡，人们的认同分散给了国家和非国家行为体，人类命运共同体的意识尚未形成，所以公共外交任重而道远。如何把地球村公民的意识唤醒，形成地球兴亡、人人有责的观念，是联合国的重要使命。以国际组织为主体的公共外交和以世界公民为主体的公共外交就像一枚硬币的两面，同等重要。

联合国的前世今生，作用不可或缺[*]

联合国的设计者们起初希望该机构至少能维持世界50年和平，这一初衷显然已经实现。除了和平与安全，联合国还在消除殖民主义和种族隔离、推进国际法建设、促进全球经济和社会发展方面发挥了核心作用。

第一节 国际联盟的失败和联合国的创建

在联合国成立前，人类为了构建和平、促进国际合作进行了数次制度试验。欧洲协调始于拿破仑战争后举行的维也纳会议，它是19世纪英、俄、法、奥（地利）、普（鲁士）等大国共同管理欧洲冲突与危机的一种安全机制，开启了大国间定期召开国际会议、多边代替单边的先河。从严格意义上讲，欧洲协调没有秘书处和固定的会址，不足以称为国际组织，但作为一种制度体系，其规范和决策程序对维持欧洲大国间的百年和平发挥了重要作用。1920年成立的国际联盟是全球性政治安全组织的首次尝试，其拥有"宪法"（《国际联盟盟约》）、常设机构

---

[*] 本文发表在《世界知识》2020年第17期。

(设于日内瓦的总部)以及专门的工作人员,但因普遍性和权威性不足(美国未加入),加上机制设计方面的先天缺陷,最终走向失败。不过,国际联盟留下的"遗产"是丰富的,如世界性论坛模式、较为完整的机构设置等,都被后来的联合国所借鉴。与欧洲协调、国际联盟一样,联合国也是世界大战的"产物"。第二次世界大战以美、苏、英、中、法等反法西斯国家战胜德、意、日法西斯侵略者而告终。第二次世界大战中的战胜国痛定思痛,决心通过国际合作,以免后世再遭战祸。新的国际秩序在第二次世界大战还未结束时就已经孕育。从1941年起,历经《圣詹姆斯宫宣言》《大西洋宪章》《联合国家宣言》《普遍安全宣言》《德黑兰宣言》,第二次世界大战同盟国国际合作的构想越来越清晰。1941年6月,英、美、法等国代表在伦敦发表《圣詹姆斯宫宣言》,提出了维护和平、制止侵略和促成国际合作的原则。1941年8月,美英两国发表《大西洋宪章》,促进了国际反法西斯统一战线的形成。1942年1月1日,中、美、英、苏等26国代表在华盛顿签订了《联合国家宣言》,并第一次使用"联合国"一词。1943年10月30日,中、美、英、苏四国在莫斯科发表《普遍安全宣言》,声明有必要建立一个普遍性的国际组织。1944年8月至10月,苏、英、美三国和中、英、美三国代表先后在华盛顿的敦巴顿橡树园举行会议,提出了组织联合国的方案,并拟定出《联合国宪章》的基本轮廓。苏、美、英于1945年2月举行的雅尔塔会议解决了安理会的表决程序和创始成员国资格问题。1945年4月25日,中、美、英、苏四国共同召开旧金山制宪会议,世界上50个国家的代表与会。这次会议上,《联合国宪章》的起草工作完成,确定将联合国总部设在纽约。1945年6月26日,50个国家的代表签署了《联合国宪章》。波兰不久后也签署了《联合国宪章》,因而成为联合国51个创始成员国之一。同年10月24日,《联合国宪章》生效,联合国正式成立。与国际联盟"全体一致"原则不同,

《联合国宪章》把维护国际和平与安全的责任以及更多的权力赋予安理会，实行"大国一致"原则处理国际冲突。中、美、英、法、苏五国是安理会常任理事国，并对安理会决议草案拥有否决权。

1947年，美苏两个大国正式步入冷战，联合国也成为冷战时期美苏角力的场所。冷战时期，安理会大多处于分裂状态，联合国的有效行动往往因两个超级大国的分歧而受到阻碍。但事实证明，即使处于冷战时期，拥有联合国的世界也比没有它的世界更好。冷战结束后，新的国际形势为联合国作用的发挥提供了前提条件，联合国在国际事务中的地位和作用得到加强。目前，联合国体系囊括了六大机构（联合国大会、安理会、经社理事会、托管理事会、国际法院和秘书处）和三个办事处。

第二节 联合国的作用

第二次世界大战以来联合国在国际事务中发挥的作用，可以借用2020年7月国务委员兼外交部长王毅在联合国经社理事会高级别会议上的发言来归纳，即维护和平安全、捍卫公平正义；超越种族制度文化差异、促进和谐共处；解决南北失衡、促进共同发展；坚持与时俱进、有效应对全球挑战。

联合国的首要功能是捍卫人类和平，避免世界大战再度发生。联合国积极调停大国冲突，防范发生全球性战争，发挥了重要的历史作用，比如1962年成功斡旋古巴导弹危机，使人类免于被核战争毁灭。联合国还对大国侵略小国的行为进行道义谴责。联合国致力于国际军控和裁军，即使在冷战时期也达成很多协议，并分别于1978年、1982年、

1988年召开过三届联合国大会裁军特别会议，发起了三个"裁军十年"活动；联合国发起了70余次国际维和行动，有效缓解了地区热点问题。

人权是联合国事业的三大支柱之一。联合国《世界人权宣言》、《经济、社会与文化权利国际公约》、《公民权利和政治权利国际公约》及其附带议定书构成了"国际人权宪章"。联合国还把种族歧视、种族隔离以及维护殖民统治作为最严重的侵犯人权行为。在联合国的推进下，人权的概念不断丰富，妇女、儿童、老人、残疾人和难民的权利不断得到维护。保护人权条约体系不断完整，人权机构不断健全。与此同时，联合国推进了世界非殖民进程。20世纪60年代，随着战后民族解放运动的蓬勃发展，一大批新独立的国家相继加入联合国。1960年，17个新独立的国家加入联合国，这是成员国数量增加最多的一年。1945年联合国成立时只有51个成员国，到75年后的2020年已增加到193个成员国，其中新增成员国有80多个国家曾为殖民地。联合国为推动全球的经济和社会发展进行了不懈的努力。比如推动南北对话、减少贫困和失业、援助最不发达国家、预防犯罪、防治艾滋病、保护环境、应对金融危机等。面对新冠疫情，联合国也不断发出预警、募集资金、发布数据，提供技术与管理援助，发挥着一定的协调作用。

联合国是制定国际法和国际规范的主要机构。第二次世界大战后，传统的国际法体制受到猛烈冲击，一系列新的国际法原则、规则逐渐形成和确定。作为当代国际法基础的《联合国宪章》影响深远，它所确立的诸如主权平等与和平解决国际争端等国际关系准则，是联合国自诞生以来维系世界和平与稳定的基石，也为相关法律制定提供了依据和渊源。至今，联合国已倡议制定了500多个多边协定，从规范一般国际关系到涉及世界各地人民的日常生活，如对国际秩序产生重要影响的《不扩散核武器条约》和《联合国海洋法公约》。

联合国致力于文明间对话。联合国大会于1999年通过《和平文化宣言及其行动纲领》，于2002年通过《不同文明对话全球议程及其行动纲领》，于2005年建立联合国文明联盟，强调通过文明对话增进各国的相互理解和尊重，应对共同挑战和威胁。

第三节 联合国与国际秩序的未来

联合国制度体系是第二次世界大战后国际秩序的基石，这一体制对于维护战后世界的基本和平与稳定起到了重要作用，避免了世界再次出现重大战争。维护联合国体制以及《联合国宪章》的基本原则，符合世界大多数国家和人民的利益。当前，随着民粹主义、单边主义、保护主义盛行和地缘政治局势的愈发紧张，联合国的权威遭遇挑战，各国以联合国为核心处理国际事务的共识正在减弱。在新冠疫情冲击下，联合国发挥作用的空间被日益加剧的大国竞争所挤压，这一由主权国家组成的最具普遍性的国际组织正处于艰难时刻。但是，我们仍可以设想一下，没有了联合国的世界会是什么样子：最有代表性的论坛不复存在，缓和国际冲突的众多渠道突然消失，高效的多边外交和"静悄悄"的外交难以为继，督促人类生活各功能领域平衡发展的"口哨"失去音色，人权卫士和国际法的制定者缺位……面对世界百年未有之大变局，我们绝不应允许国际政治退回到丛林法则状态。

当今世界的基本秩序仍需维护《联合国宪章》精神，增强联合国权威，维护联合国体系所确立的制度。改革联合国是加强联合国作用的必要保证。联合国改革的方式应是协商一致和循序渐进的，安理会的改革应该被谨慎对待，在不忘历史的前提下应更多地反映国际权力变化的现实，尤其是新兴市场国家的意愿。改革的重点是进一步加强联合国在发展领域的领导和协调作用，比如要强化世界银行、国际货币基金组织和世界贸易组织等专门机构的作用，推动各成员国贯彻落实《联合国2030年可持续发展议程》，尽快扭转当前"去全球化"和单边主义的趋势。今后应更多地凝聚大国共识，进一步发挥安理会的作用，提升国际社会对联合国的认同。中国应在多边治理体系中扮演好参与者、推动者和引领者角色，发出中国声音，贡献中国智慧。

欧盟对阿拉伯战略的嬗变与危机*

当今世界共有22个阿拉伯国家，它们是国际关系中一支重要力量，作为其纽带的阿盟自1945年成立以来召开了27届首脑会议。阿拉伯国家在第二次世界大战后的历史中，历尽沧桑，在大国关系的夹缝中努力抗争，成为冷战时期除欧洲以外的另一个重灾区。由于内部复杂的矛盾，阿拉伯世界始终是一盘散沙，持续处于动荡中。第二次世界大战后中东地区发生的战事，绝大部分和阿拉伯国家有关。①而阿拉伯地区的邻居西欧国家，在第二次世界大战的废墟上，经过法德和解、煤钢联营而走上了一条团结自强的道路，在区域一体化的道路上越走越远，队伍日益壮大，由原来的六国发展成为具有28个成员国的大家庭，排队等待入盟的成员还有8个。欧洲国家和阿拉伯世界地缘接近，历史相连，双方交替征服与反征服，但更多时候是欧洲占了上风，现实中双方有很多利益交织在一起。欧盟作为一支正在崛起的力量，深知阿拉伯世界对于自己的重要性，阿拉伯世界烽火连天，欧盟不可能独善其身。欧洲共同体（简称欧共体）自建立以来，始终关注阿拉伯世界，并相继推出各种对阿政策，但由于自身实力的局限性以及认知的偏差，政策的效果并不理想。2011年阿拉伯国家大面积动荡，难民潮汹涌，欧盟如何应对，其战略实施效果如何，值得探讨。

---

* 本文发表在《国别和区域研究》2017年第4期。
① 王联：《中东政治与社会》，北京大学出版社2009年版，第350—352页。

第一节 欧盟对阿战略机制的历史回顾

由于国际力量对比的变化、美国的战略调整和中东的持续动荡，国内学界关于中东的研究力度大为加强，出版社出版了很多高质量的著作，核心期刊也纷纷开设相关的专栏，探讨欧盟的对阿战略问题。汪波认为，欧盟中东外交政策的基本原则是渐进主义方式、经济外交手段和次区域安全观念①；周华则认为，"从欧盟在利比亚的大打出手，到对叙利亚局势进展的无可奈何，再到针对埃及局势突变的谨慎小心，欧盟的种种表现可以证明，目前欧盟仍缺乏全面、清晰、可持续的中东战略"。②而早在2008年，就有外国学者认为欧盟还不是一个强有力的外交政策玩家。③那么历史上欧盟对阿战略都有哪些机制呢？这些机制为什么不能应对当前的挑战呢？每一次的机制变革都是"新瓶装旧酒"吗？

从1958年的欧共体到今天的欧盟，都没有建立以整个阿拉伯世界为对象的战略机制。在欧盟的战略中，倒是屡屡出现"欧盟－地中海"字样的机制。这里的地中海地区并不是一个地理概念，而是欧洲人发明的政治概念。"地中海地区"是伴随着1995年"欧盟－地中海伙伴关

---

① 汪波：《欧盟中东政策研究》，时事出版社2010年版，第6—12页。
② 周华：《阿拉伯与欧盟关系正被边缘化》，载马晓霖主编：《阿拉伯发展报告（2013~2014）》，社会科学文献出版社2014年版，第97页。
③ Almut Moller, "The European Union and the Middle East: Coping with Challenges, Seizing Opportunities," in Christian‐Peter Hanelt, Almut Moller, eds., "Bound to Cooperate‐Europe and the Middle East Ⅱ," Verlag Bertelsmann Stiftung, 2008, p. 19.

系"的语境出现而被欧盟经常使用的一个概念，它当时基本包括了下列国家：摩洛哥、阿尔及利亚、突尼斯（马格里布国家，埃及以西，不含埃及）、埃及、以色列、黎巴嫩、叙利亚和非地中海沿岸国家的约旦以及巴勒斯坦自治地区（马什里克国家，埃及以东，含埃及），还有三个待加入欧盟的候选国——土耳其、塞浦路斯和马耳他。基本上是地缘战略上所谓的广义的"中东"概念所涵盖的范围，即传统的中东、北非地区。[1]

欧共体在成立之初，就同马格里布国家建立了特殊的关系。但更多的是经济联系，而且共同体各成员的政策并不完全相同。20世纪70年代初，欧共体开始明确提出有别于美国的中东政策，积极发展与阿拉伯国家的合作关系，之后渐渐演化出如下机制。

一、全球地中海政策

1972年10月，欧共体巴黎峰会宣布推出全球地中海政策，其指导理念是"欧洲强大的非军事力量"外交政策。[2] 该政策涵盖的范围包括所有地中海南岸国家和约旦，欧共体愿意与这些国家签订双边合作协定，以促进工业品的自由流动，降低农产品贸易的关税，在包括环境、渔业等更广阔的领域提供金融援助，与之进行合作。

二、欧洲－阿拉伯对话

1973年爆发的中东战争及后来的石油危机真正使欧共体国家知道

---

[1] 郑启荣：《全球视野下的欧盟共同外交和安全政策》，世界知识出版社2008年版，第325页。
[2] 熊炜：《"欧洲民事强权"：概念、决定性因素及其发展》，《欧洲研究》2007年第2期，第91—101页。

了阿拉伯国家的厉害之处。在阿拉伯国家实行的石油禁运中，荷兰受到全面制裁，法国和英国则被视为友好国家，得到正常的石油供应，而欧共体的其他6个国家则受到减少供应的威胁。

作为对石油危机的反应，欧共体倡议发起了欧洲－阿拉伯对话，首次对话于1973年在哥本哈根举行，经过多次对话，成立了大使级的欧洲－阿拉伯对话总委员会，后来建立了30多个工作组，欧共体与地中海国家签署了首批协议，对话取得了实质性成果。欧洲－阿拉伯对话总委员会轮流在欧共体成员国首都和阿盟成员国首都召开了五次会议，1979年4月，埃及因单方面签署与以色列和解的"戴维营协议"而被开除出阿盟，阿盟出现分裂。阿拉伯方面终止了欧洲－阿拉伯对话。这种对话机制直到2008年才得以恢复。

2008年，在维也纳举行的欧洲－阿拉伯世界对话会上，来自欧盟27国和阿盟22国的政府代表与非政府组织代表，围绕社会发展、阿拉伯国家妇女地位和作用、如何推动中东和平进程等问题进行了交流和讨论。阿拉伯国家的政府代表在发言中对欧盟的"双重标准"提出了严厉批评，他们指出，一方面欧盟以人权状况为由，拒绝与海湾国家签署贸易协定，另一方面其却在深化与以色列的合作。时任阿盟秘书长穆沙希望欧盟能够努力推动中东问题的解决。

奥地利外交部长施平德勒格在大会发言时指出，欧洲与阿拉伯国家在历史上有对抗和冲突，但更多的是富有成果的交流与共处。伊斯兰教是欧洲土生土长的宗教，它深深扎根于欧洲大陆，并与欧洲一起成长。20世纪50年代，有80万穆斯林生活在欧洲，但随着20世纪的移民潮，目前生活在欧洲的穆斯林已有1500万—2000万。

随着欧洲的穆斯林移民迅速增加，尤其是美国开始"反恐战争"以来，在所谓"文化碰撞"的宣传下，欧洲与穆斯林的关系趋于紧张。这次会议正是在这一背景下召开的，目的是通过对话，增进欧洲对阿拉伯世界的理解，消除彼此之间的紧张气氛。①

三、欧盟－地中海伙伴关系

为了应对冷战结束、海湾战争、宗教极端主义的兴起所带来的有组织犯罪、移民潮、毒品走私等问题，以及加强多边外交联系，1995年3月，欧盟通过了建立欧洲－地中海伙伴关系的方案。方案确定，欧盟先与地中海国家分别建立联系国伙伴关系，到2010年逐步建立起包括地中海南岸12个国家在内的欧盟－地中海自由贸易区。为落实这一方案，1995年11月，欧盟和地中海国家的外交部长在西班牙巴塞罗那召开了第一次合作会议，会议通过了《巴塞罗那宣言》和《行动纲领》。其为伙伴关系订立了三个目标：一是政治稳定目标，即通过政治和安全对话，创造一个和平与安全的共同体；二是经济和金融目标，即通过经济和金融伙伴关系，逐步建立自贸区，实现繁荣；三是社会、文化和人权目标，即通过人员往来实现文化和公民社会的相互理解。②但是其中的和平与安全、共享繁荣的目标至今没有实现。

四、欧洲睦邻政策

为了给欧盟东扩营造一个好的周边环境，应对2003年美国入侵伊拉克后提出的"大中东和北非倡议"，欧盟在2004年推出了"欧洲睦邻政策"。该政策是欧盟2003—2004年开始实行的一项政策工具，它与

---

① 方祥生：《"欧洲与阿拉伯世界"会议举行》，《光明日报》2008年12月21日。

② Patricia Bauer, "European－Mediterranean Security and the Arab Spring: Changes and Challenges," Democracy and Security, Vol. 9, No. 1－2, 2013, p. 4.

"欧洲-地中海伙伴关系"不同，不是多边协定而是欧盟单方面有条件地向地中海国家提供援助。根据欧洲睦邻政策的官方网页，欧洲睦邻政策的目的是要与睦邻国分享2004年欧盟扩大的利益，并防止扩大的欧盟与睦邻国出现新的分界线。欧洲睦邻政策的愿景是将周边的国家进一步结合，而这些国家都不必成为欧盟的成员国。这个政策在2003年3月被欧盟委员会勾勒出来。①

自2004年推出至今，欧洲睦邻政策的对象国已包括白俄罗斯、乌克兰、叙利亚、以色列等16个国家。通过签订自由贸易协定、伙伴合作协定等方式，欧盟许诺向这些国家开放拥有5亿消费者的市场，为这些国家提供财政支持，促进其政治、经济与社会改革。作为回报，这些国家必须改善人权与法治状况，推行所谓的"良政"，以及打击恐怖主义、毒品与人口走私等。

欧盟积极推动落实睦邻政策，自然有利可图。首先，这项政策能够保障北非、地中海沿岸等欧盟"后院地区"的稳定，保证欧盟的能源供应安全。尤其是保证阿尔及利亚、阿塞拜疆以及中东国家对欧盟的油气资源供应，这对欧盟摆脱对俄罗斯的能源依赖发挥着至关重要的作用。其次，睦邻政策的实质性目的，还是为"扩容"后的欧盟提供"喘息"与"消化"的机会。众所周知，欧盟自扩大到27国以来，内部"喊停"的声音不绝于耳。这一点从土耳其入盟谈判之艰难即可看出。欧盟的睦邻政策十分符合法国等"中坚国家"的心意。这是因为，将周边国家纳入睦邻政策框架，既能注重互利合作，又能免去入盟负担。这样一来，欧盟这一"庞大机体"就有了充足的时间来"强身健体"。②

---

① Johannes Varwick, Kai-Olaf Lang, "European Neighborhood Policy: Challenges for the EU-policy towards the New Neighbours," Barbara Budrich, 2007, p. 25.

② 章念生：《给睦邻政策打个问号》，《人民日报》2007年9月17日。

面对欧盟递过来的"樱桃",不少阿拉伯国家采取了实用主义态度,比如埃及的穆巴拉克一开始表示同意,但当需要进行真正的政治和经济改革时,他就中断了与欧盟的谈判。在技术上,阿拉伯国家也不适应这套将欧共体法律照搬过来的援助措施,如约旦,虽几经努力,但也没能将自己的公有部门或私有部门的治理水平提升到欧盟要求的水平。只有以色列认为欧洲睦邻政策是一个真正的机会,以色列通过它获得进入欧洲市场的特殊通道,而且可以在科研领域与欧洲展开合作。①

五、地中海联盟

地中海联盟是由法国前总统萨科齐主导成立的区域性国际组织,该组织由欧盟成员国和地中海沿岸的非欧盟成员国组成。萨科齐成立该组织目的原本在于扭转土耳其致力于加入欧盟的目标,但在土耳其获得保证此组织将不是取代土耳其加入欧盟的折中方案后,土耳其接受邀请参与该组织。地中海联盟于2008年7月13日在法国巴黎由成员国的领导人举行峰会,正式宣告成立。

地中海联盟与欧洲睦邻政策相比有两个特点,一是成员国更多,达到43个;二是层次更高,更侧重于国与国政府间层次对话和谈判。它在西班牙专设了秘书处,并且仿照欧盟设立轮值主席国。

就目前的情况来看,地中海联盟也称不上成功。② 地中海联盟欠缺目标细节是招致批评的主因,此联盟强调欧盟与环地中海国家的关系,且地中海联盟与巴塞罗那进程同样重视经济成长及人权发展,与现行的

---

① 赵晨:《欧盟的中东北非政策评析》,中国社会科学院欧洲研究所,http://ies.cass.cn/wz/yjcg/ozzz/201304/t20130411_2458409.shtml。

② 赵晨:《欧盟的中东北非政策评析》,中国社会科学院欧洲研究所,http://ies.cass.cn/wz/yjcg/ozzz/201304/t20130411_2458409.shtml。

巴塞罗那进程目的重叠，如此将降低欧盟对该区域的政策执行力，且让南部国家对不受欢迎的欧盟政策有唱反调的机会。另外，警力及司法人员派驻协助将是欧盟未来担忧的问题。

六、欧盟发表《与南地中海的民主和共同繁荣伙伴关系》文件

针对西亚北非的动荡局势，欧盟委员会于2011年3月提出该文件，其要点在于欧盟提出的两大口号——"以更多换更多"和"3M"。前者承认欧盟之前在对北非国家提供援助时所设的"条件"无效，故而承诺将来会更恰当地对援助设置附加条件，以期这些国家进行更多改革。

"3M"是指资金（money）、市场准入（market access）和流动性（mobility），亦即提供各种财政援助，改善对欧洲市场的准入，在打击非法移民的同时减轻对学生、研究人员和商业人士进入欧盟的限制。

该文件明确表示民主转型与机制建设、公民社会发展以及可持续和包容性的社会发展是"民主和共同繁荣的伙伴关系"的三大基础。[①]

七、欧盟与海湾合作委员会

欧盟与海湾合作委员会之间的合作对话最早可以追溯到1988年欧盟前身——欧共体与海湾阿拉伯国家合作委员会（简称海合会）签署的双边合作框架协议。在这一框架协议的指导下，双方确定了采用政治对话、自由贸易谈判和经济合作三大支柱来推动合作进程。海合会主要是一个政治安全组织，但双方的谈判主要集中在经济领域。其中，双方

[①] Patricia Bauer, "European – Mediterranean Security and the Arab Spring: Changes and Challenges," Democracy and Security, Vol. 9, No. 1 – 2, 2013, p. 7.

自由贸易区的谈判旷日持久，经贸合作尤其是能源合作是双方关系的重点。

通过梳理欧盟对阿机制的历史变革，发现其内容十分庞杂，而且落实的效果并不好。究其原因，德国学者英格伯格·特摩尔指出，欧盟政策的延续和变革主要源于欧盟与生俱来的局限性，尤其是欧盟委员会与欧洲理事会的互动所形成的政策，符合欧盟规范性的理想和现实性的利益，却很少符合伙伴国的需要和期望。

欧盟的地中海政策是以规范性和现实性的目标相结合为特征的，这种结合是欧盟委员会和欧洲理事会互动所形成的共同的外交政策的产物，然而这种结合在地中海政策的各个阶段并不相同。欧盟－地中海伙伴关系更加强调规范性的目标，欧洲睦邻政策和地中海联盟显然更加倾向现实性的目标。这些变化反映了欧盟委员会或者欧洲理事会在决策中的主导地位。新的欧洲睦邻政策更加强调对现实性和规范性目标的同时关注，然而，这并不意味着欧盟重新转向其规范性权力的角色，在西亚北非局势动荡后，其更加肯定地转向地中海伙伴。[①]

第二节 影响欧盟对阿战略的多层面因素

一、国际关系权力分配新变化对欧阿战略的影响

欧盟对阿拉伯世界的战略不是在真空中制定与实施的，欧盟本身的

---

① Ingeborg Tommel, "The New Neighborhood Policy of the EU: An Appropriate Response to the Arab Spring?" Democracy and Security, Vol. 9, No. 1 - 2, 2013, pp. 19 - 39.

形成和发展就是国际关系权力格局的产物。进入21世纪，国际关系的权力分配经历着深刻的变化，最突出的特征便是"一超走弱，多强易位"，或者说是美国的衰落与新兴市场国家的崛起。2008年的金融危机严重削弱了欧美的实力，新兴市场国家继续以强劲的势头崛起。

将来的欧盟发展势头如何？阎学通教授在2013年预测，"2023年欧盟现在的一些成员将退出，欧盟的政治一体化将出现倒退，欧盟将失去今天区域化样板的地位，人们谈论更多的将是从欧盟的停滞中吸取什么教训"。① 英国"脱欧"和欧盟目前的停滞证实了这个预测。

美国总体上处于衰落中，在中东收缩，并加强在亚太地区的战略部署。但近期内美国在中东的主导地位不会变化，美国因素不可低估，欧盟对阿的新战略实际上受到美国中东政策转变的影响。美国对于中东变局的应对性政策主要调整为：在军事上，谨慎用兵，避免地面占领和深度卷入，通过武装反对派推行"阿拉伯人打阿拉伯人"，减少人道主义干预的成本；在政治上，运用所谓的"美国的巧实力"，让欧洲大国和阿拉伯盟友充当"急先锋"，美国在背后"掌舵"，以最廉价的方式延续美国在中东的领导地位；在外交上，通过议题设置，让联合国人权委员会等国际组织和非政府组织为美国政府服务，综合运用军事、政治、外交、经济和文化等手段，重点推动中东反美国家的政权更迭和民主转型。② 美国政策的变化引领着欧盟在中东地区的战略调整，为其发挥作用预留了空间。

关于美欧的配合模式，国内有学者形象地总结为"美国领导，英法

---

① 阎学通：《历史的惯性：未来十年的中国与世界》，中信出版社2013年版，第113—127页。

② 孙德刚：《美国应对中东剧变的"奥巴马主义"探析》，《阿拉伯世界研究》2012年第4期，第31页。

挑头，北约主打，欧盟支持"。① 美国对阿战略有变的地方，也有永远不变之处。大战略调整的地方是：从绝对保护以色列，转变为管控以巴冲突；从确保中东地区稳定供应石油，转变为有效控制国际石油市场；从确立美元的石油定价和结算机制，转为阻止危及美元定价和结算机制的行为；从防止中东地区强权势力的崛起，转化为促进伊斯兰和阿拉伯世界分化；从全面反恐转为选择性反恐。

永远不变之处是开拓和维护美国的"国家利益"，要为美国利益集团谋取海外利益并确保既得利益不被损害。针对中东地区，能够直接公开对外宣示的政策包括：承诺盟友和关系密切国家的安全不会受到挑战，航行自由得到保障或不受到阻碍，大规模杀伤性武器不得扩散或得到有效控制，西方价值观得到推广和人权得到保障等。不能直接对外宣示而实际执行的真实政策包括：对挑战或动摇美国霸主地位的行动进行遏制（实质上就是打击任何不听美国安排的国家），中东地区的石油得到有效控制，石油美元定价机制不得动摇，武器装备的市场得到保护，防止该市场被取代等。②

二、欧盟的决策机制与碎片化的阿拉伯世界

欧盟的对阿战略，能从内容上一脉相承，并逐渐清晰和务实，但落实的程度并不理想，除了受制于大国关系的结构外，这和欧盟本身的决策机制以及阿拉伯世界的分裂也是分不开的。

---

① 张迎红：《欧盟共同安全与防务政策研究》，时事出版社2011年版，第363页。
② 若山：《美国中东政策的大转变》，http//：www.Impi.com/doc/5ac6e26fd446592e6c7b78a4/17。

1. 欧盟决策机制存在的问题

第一，欧盟机构间的竞争。对外经济政策属于共同体职权范围，对外政治和安全政策则属于与共同体职权相联系的共同外交与安全政策职权。政府间机构——欧洲理事会和欧盟理事会主导着欧洲政治合作机制及共同外交与安全政策的决策过程，特别是欧洲理事会在决策过程中处于中心地位，而超国家机构——欧盟委员会、欧洲议会仅发挥次要作用。制度安排的二元体系将对外政策各个领域条块分割，尤其是共同外交与安全政策的计划，其决定和实施的各个阶段由不同机构掌握，经常出现政策协调问题，并围绕职权行使范围产生分歧。①

第二，欧盟与成员国之间的竞争。《欧盟宪法条约》本要加强从成员国向欧盟机构的权力转移，但在荷兰和法国的公投中遭到否决，使强化欧盟权力的努力受挫。修改后的《欧盟宪法条约》保住了常任主席和"高级代表"的职位，有利于欧盟对外政策的一致性和连贯性，但其职能和权限大为削弱，"政府间主义"仍占上风，"多头政治"的特点仍未改变。今后，欧盟机构与成员国之间的平衡、协调和博弈仍将对欧盟外交产生重要影响。②

第三，成员国之间的竞争。比如欧盟以德国为首的东扩派与以法国为首的南下派之争，"老欧洲"与"新欧洲"之争，深化优先与扩大优先之争，追随美国与独立自强之争，亲以与亲阿之争。再加上各自的殖民地情结，各国在阿拉伯国家问题上对国家利益的考量很不相同。

欧盟毕竟不是一个主权国家，其对外战略实质上是各成员国立场的

---

① 姚惠娜：《欧盟对阿拉伯政策研究》，中国社会科学院研究生院 2008 年博士学位论文，第 101—102 页。
② 徐龙第、孙友晋：《主权债务危机下的欧盟外交》，《国际问题研究》2013 年第 1 期，第 53 页。

"最大公约数",是各国妥协的结果。由于历史、地理和实际利益诸方面的原因,欧盟的"睦邻政策"如今已被成员国分解为多个区域性利益诉求色彩鲜明的组成部分,即北欧国家提出的"北方维度",法、意、西等南方国家提出的"地中海联盟",新入盟的中东欧国家提出的"东部伙伴关系",以及黑海沿岸国家提出的"黑海合作体"。欧盟南部国家力推欧盟将更多精力和财力投向中东－北非邻国,欧盟统合中东－北非战略的力度很可能因此大打折扣。[①]

这三个问题的核心是政府间主义与超国家主义之争。政府间主义与超国家主义的斗争贯穿欧洲一体化的始终,其实质就是是否让渡国家主权以及让渡主权程序的问题,其表现就是增加还是削弱欧共体中超国家性质机构的权力。德国、意大利、荷兰、比利时、卢森堡等国总体上属于联邦主义派别,主张建立欧洲联邦政府,体现超国家主义的力量;英国、丹麦和希腊等国则反对建立凌驾于民族国家主权之上的权力机构,认为西欧联合应是主权国家之间的联合与合作,主张建立民族国家联合体,体现政府间主义的力量;法国在多数情况下主张政府间主义,但为推动欧盟独立外交的发展也能够对超国家主义做有限的让步。[②] 而现在的超国家主义与政府间主义之争更多体现为由谁来主导欧盟的共同外交与安全政策。

2. 阿拉伯世界的衰落

阿拉伯世界是文明古国最集中的区域,共有 22 个国家和 3 亿多人

[①] 倪海宁、朱传忠:《欧盟的中东－北非战略调整——基于中东－北非变局两年来的思考》,载周弘主编:《认识变化中的欧洲》,社会科学文献出版社 2013 年版,第 323—324 页。

[②] 姚惠娜:《欧盟对阿拉伯政策研究》,中国社会科学院研究生院 2008 年博士学位论文,第 78 页。

口。其内部教派、族群、意识形态、国家体制之争十分激烈。再加上"大以色列计划"、伊朗的伊斯兰革命输出、土耳其的泛突厥主义、美苏冷战和冷战后美国的"大中东计划"令中东地区的矛盾更加错综复杂。有学者认为，特朗普时期是该地区自20世纪90年代以来安全形势最严峻和最复杂的时期，基本判断是中东安全问题常态化，地区动荡长期化。可以说，在中东地区的安全建设上，西方一直扮演着负面的角色。实际上，无论是哪种形式的干预，例如外来强权的介入，特别是西方大国的干预，其结果往往是，中东地区或中东国家分裂的步伐不断加快，中东国家间的矛盾和积怨日益加深，并最终陷入一种恶性循环。最严峻的现实是，当中东地区安全问题激化，真正伤及干预者自身时，后者往往会采取"打烂了就撤"的消极办法。其结果是在中东地区留下来一个个"烂摊子"，制造了一个又一个"脆弱的政权"，并导致该地区安全局势进一步恶化。[1]

目前陷入动荡的阿拉伯国家形成了不同的模式，埃及是"翻烙饼型"，民主转型又回到了原点，也门是外部干预，执政者和平下台；利比亚和伊拉克是旧秩序被推翻，而新的秩序建立不起来，国家陷入无政府状态；叙利亚则是原政权顽强地坚持着；巴勒斯坦则是不能真正复国，与以色列处于长期的冲突中。

美欧对阿拉伯国家政治进程的干预采取了典型的实用主义策略，针对不同的国家采取了军事干预（利比亚）、外交施压（埃及、突尼斯）、除直接干预外的多种手段并用（叙利亚），以及外交庇护（巴林）等策略，体现了典型的多重标准。[2]

---

[1] 王林聪：《中东地区安全形势分析》，载杨光主编：《中东发展报告（2013～2014）》，社会科学文献出版社2014年版，第2、10页。

[2] 刘中民：《关于中东变局的若干基本问题》，《阿拉伯世界研究》2012年第2期。

3. 欧阿能产生认同吗？

欧盟对阿战略能否成功，除了取决于国际大环境、欧盟的决策机制和阿拉伯国家的现状，还取决于双方的认同度。一项好的政策必须具备合法性、互惠性和有效性，政策来源于文化理念和制度①，政策的实施则靠双方的互动与实践活动，那么欧阿到底是如何看待对方的？

欧盟对阿拉伯国家的关切主要集中于自己的安全、经济利益、传播民主，这与美国的思维方式如出一辙。具体来说有阿拉伯国家转型、阿以冲突、恐怖主义、非法移民、大规模杀伤性武器的扩散等问题。阿拉伯国家对于欧盟的重要性主要体现在能源、经济和安全三个方面。欧盟对阿政策首先是保证石油、天然气等能源以合理的价格稳定供应；其次是维持在阿拉伯世界的传统势力，确保成员国商品在阿拉伯市场的份额；最后是确保欧盟的安全，面对移民、伊斯兰主义兴起所带来的挑战，把促进阿拉伯国家的经济发展和政治改革作为保障安全、应对挑战的根本途径。②

而对于阿拉伯民众是怎么想的，需要什么，欧盟并没有认真考虑。这一点，丹麦学者迈彻利·佩斯从解释学的视角，深刻剖析欧盟对中东北非国家民主变革的偏见。他认为，欧盟的代表不知道北非人民需要的权利是什么，因此对于阿拉伯民众的起义很吃惊，他们的当务之急是维护南部国家的安全与稳定，而不是该地区的政治、经济和社会活力。另外，欧盟存有对中东北非地区的偏见，即"阿拉伯例外论"：阿拉伯人生来就是不自由的、反民主的，中东北非国家的社会发展还没有

---

① 秦亚青主编：《观念、制度与政策——欧盟软权力研究》，世界知识出版社2008年版，第1—23页。

② 姚惠娜：《欧盟对阿拉伯政策研究》，中国社会科学院研究生院2008年博士学位论文。

成熟到可以民主化的程度。这种偏见严重约束了欧盟在该地区推行政治改革的作用。①

阿拉伯民众的关切点与欧盟的关切点并不一致。根据2013年9月的皮尤民意测验，现在突尼斯绝大多数人优先需要的是经济繁荣和政治稳定，而不是建立民主。② 而阿拉伯世界执政者的关切点，则更多的是实用主义，利用欧盟的援助巩固其政权，对于其附加的政治改革、法治和改善人权要求轻描淡写地化解。

对于欧盟推广所谓民主的努力为什么屡屡失败，德国学者艾维萨·吕本认为有三个原因：一是尽管有常规的选举和所谓民主的辞藻，但几乎所有的阿拉伯统治者都通过政治机制防止权力在不同政治力量中转换，从而保证了自己的执政地位；二是欧盟通过支持中东的非政府组织来促进"民主"，这些非政府组织仅仅是那些和欧盟享有相似文化理念的组织，但这些组织在当地社会中的影响都不大；三是推广的所谓民主一直和安全问题连在一起，并建立在"民主和平论"的假定上，这种观点认为民主国家不但内部稳定，而且可以通过和平的方法解决外部问题。③

可以说欧盟的政策与阿拉伯国家的需求之间还有很深的鸿沟。欧盟要想提高对阿战略的有效性，还要在加强双方的目标认同上下工夫。

---

① Michelle Pace, "The EU's Interpretation of the 'Arab Uprisings': Understanding the Different Visions about Democratic Change in EU – MENA Relations," Journal of Common Market Studies, Vol. 52, No. 5, 2014, p. 972.

② Oussama Romdhani, "The Next Revolution: A Call for Reconciliation in the Arab World," World Affairs, Nov./Dec. 2013, p. 95.

③ Ivesa Lübben, "The Rise of Political Islam and the Implication for European Foreign Policy," in Christian – Peter Hanelt, Almut Moller, eds., "Bound to Cooperate – Europe and the Middle East II," Verlag Bertelsmann Stiftung, 2008, pp. 343 – 344.

第三节　欧盟的战略走向与机遇

在西亚北非局势动荡后，欧盟的安全形势日益恶化，欧盟对中东北非的影响力下降。大量非法移民不断涌入，欧盟经济复苏受到拖累，能源安全问题更加突出，叙利亚成为恐怖主义分子实战训练的新大本营，尤其是"伊斯兰国"等极端恐怖主义势力的兴起，许多来自欧洲的"圣战"分子，在参加了叙利亚、伊拉克、也门的军事活动后返回欧洲，其将对欧洲的国家安全造成非常大的危害。

在欧洲，俄罗斯与北约、西方大国的对抗并没有缓和。乌克兰问题导致俄罗斯与西方的关系持续恶化，相互制裁仍在延续。北约增强了在东欧和波罗的海地区的军事力量，为了应对北约的安全威胁，俄罗斯也增强了西部的军事力量。俄罗斯要重新整合原苏联地区，在全力打造欧亚经济联盟的同时，又提出了"大欧亚计划"，意在表明俄罗斯仍主导着欧亚地区的发展。[①]

更大的不确定因素来自美国。当前阿拉伯地区的乱相与奥巴马的战略东移分不开。特朗普上台后，标榜"美国第一"，追求美国的"再次伟大"，号召买"美国的商品，雇美国的工人"，这种贸易保护主义和孤立主义倾向将使欧盟的外部环境更加复杂化。

面对复杂的周边局势，欧盟只能进一步加深一体化，抱团取暖。在危机面前，许多人对欧洲一体化的前景感到忧虑，甚至有人提出了欧元解体、欧盟崩溃的看法。这种观点虽自有道理，但当前的国际力量对比

---

① 左凤荣、赵柯：《国际形势回顾与展望》，爱思想网，https：//www.aisix-iang.com/data/102915.html。

已发生较大变动，世界重心正东移亚太地区，新兴市场国家群体性崛起，美欧则面临重重政治经济困难。在这种宏观背景下，欧盟可能除维持或继续加强一体化之外，别无其他可行的选择。这是因为，如果作为一个整体的欧盟在国际事务中都不能发挥应有的作用，那么作为其成员国的众多中小国家一旦离开欧盟的架构，各行其是，它们的地位将更加难保，利益将更加难以实现，遑论推广其价值理念了。这是当前的国际结构性力量对欧盟提出的刚性要求。①

另外，欧盟还应该向外寻求更广泛的国际合作。2011年之后，许多学者指出，欧盟如果自己"单干"，或者仅仅把地中海国家当作自己的伙伴，那么它将很难有什么建树。阿拉伯的舞台充满了各种行为体，它们遵循自己的利益致力于影响阿拉伯地区的事务。这些行为体包括美国、海湾国家和土耳其。欧盟应该努力与这些区域外的行为体沟通，要努力与其他区域组织如阿盟、非盟和伊斯兰合作组织建立密切关系。在这方面，欧盟应该发挥催化剂的作用，带动其他全球性或区域性大国一起努力，实现该地区的民主与稳定。②

近几年，有几件大事对欧盟的发展构成严峻考验。一是2019年以来的新冠疫情，二是2020年的英国"脱欧"，三是2022年开始的俄乌冲突。欧盟在经历了一系列的政治洗礼后，与中国的关系显得尤为重要，欧盟和中国在当前的"逆全球化"中应该彼此视为机遇，而不是寻求"去风险化"。2023年是中国同欧盟建立全面战略伙伴关系20周年。中欧双方应该像习近平主席所倡导的那样，做互利合作的伙伴，不

---

① 徐龙第、孙友晋：《主权债务危机下的欧盟外交》，《国际问题研究》2013年第1期，第51页。

② Sally Khalifa Isaac, "Rethinking the New ENP: A Vision for an Enhanced European Role in the Arab Revolutions," Democracy and Security, Vol. 9, No. 1–2, 2013, p. 55.

断增强政治互信，凝聚战略共识，夯实利益纽带，排除各种干扰，加强对话与合作，造福双方人民。要共同应对全球性挑战，携手促进世界稳定、繁荣。

霸权安全观与"五眼联盟"的演化*

2013年"斯诺登事件"发生,美国监听全世界的"棱镜门"内幕被曝光。可以看到,美国的监听对象既有其盟友,也有国际组织、国际会议,更有全世界数千位首脑、政要和数十亿各国人民。"棱镜"监控的手段和内容无所不包,不仅涵盖座机、计算机、手机、电报,而且包括各种社交视频和网络会议,甚至美国巨头公司如微软、雅虎、谷歌、脸书、苹果等都在监控对象之列。这件事引发了民众对他国权利以及个人隐私权的深刻思考,一时间,美国政府官员谴责斯诺登的行径属于叛国行为,而更多的人认为他是正义的化身和人权的斗士。迫于国际社会的压力,美国政府被迫解密了与"棱镜"网络监听和电话监听计划相关的部分文件。

随着被披露的相关事件越来越多,"五眼联盟"逐渐进入大众视野。该联盟的成员有美国、英国、加拿大、澳大利亚和新西兰,它们之间的合作起始于第二次世界大战期间,至今已有70余年的历史。虽然全球舆论界对此一直存在普遍性抗议,但是"五眼联盟"不仅没有因此偃旗息鼓,反而不断强化合作,在大国战略竞争中推波助澜,俨然变

---

* 本文发表在《人民论坛·学术前沿》2020年第12期(上),本文为教育部"国别和区域研究"2019年度课题(批准号:19GBQY107)的阶段性研究成果;感谢北京语言大学新闻传播学院院长云国强教授,予以学术灵感并确定了本文的题目和结构;感谢学生袁广慕、郝博闻协助收集外文资料。

成一个盎格鲁-撒克逊民族的政治同盟和安全同盟。甚至建立"五眼"扩大版的传闻不断,"九眼""十四眼""四十一眼"等也呼之欲出。

"五眼联盟"存在的基础究竟是什么?它的运作机制如何?它给当今世界带来的影响又是什么?这些都是亟待研究的关键问题。

第一节 "五眼联盟"的安全观基础

"五眼联盟"始于第二次世界大战中的英美情报合作。出于共同抵抗和打败法西斯国家的需要,1943年英美签订协议,建立了情报共享和人员交流机制,以共同应对德国和日本的威胁。战争结束后,双方决定将合作继续进行下去。1946年,时任英国首相温斯顿·丘吉尔的"铁幕演说",拉开了美苏两大阵营之间冷战的序幕。为了对抗苏联阵营,英美双方签署《英美通信情报协议》,后以"优库萨"而闻名。1948年,英国出于平衡美国的目的,把英联邦成员加拿大、澳大利亚和新西兰拉进合作阵营,至此"五眼联盟"正式形成。

在"五眼联盟"中,各国的政治地位并不一样。首先,美国在战后成为"五眼"组织体系的领导者,凭借其全球霸权地位,在设定安全议题、制定合作规范方面占据着主导地位。其次,英国在战后自身实力衰落、自治领土也出现离心趋势的情况下,采取了其惯用的"离岸制衡"策略,灵活利用英美的特殊关系实现英国的安全利益,但也因此将自己绑定在美国的战略轨道上。最后,加拿大、澳大利亚、新西兰虽并非英美协议的签署者,但未被视为第三方,而是作为合作国家,通过补充协议的方式加入英美通信情报体系,如1949年的《加美通信情报协议》。①

一国的联盟战略是其战略文化的反映,而国家安全观又是其战略文化的核心。美国作为"五眼联盟"的领袖,其安全观对联盟的机制塑造和机制目标确定发挥着至关重要的作用,而鉴于相同的意识形态、价值观念和语言文化,美国的理念又易于被"五眼联盟"的其他国家所接受。美国从1917年参与第一次世界大战起,便开始了争夺世界霸权的进程。第二次世界大战中,凭借其超强的经济基础和科技实力,美国在打败轴心国家的过程中作出了军事贡献,此后,美国颇具远见的国际制度设计又为其世界霸权的实现打下了坚实的基础。第二次世界大战后,美国继续实施其同盟战略,与苏联阵营进行了长达半个世纪的冷战,并成为最终的赢家。

作为世界上唯一的超级大国和霸权国家,美国理应比其他国家拥有更多的安全感。然而实际上,美国在很多方面表现出更多的不安和焦虑,包括因为失去敌人和对手而感到的不安,"由于敌人的消失,令人强烈地怀疑它(美国)是否还能存在下去"。②

关于美国这种不安全感的深层次来源,国际关系学者尹继武认为是由美国的国家安全范式导致的。他认为,美国国家安全观的基本范式是"威胁范式","威胁范式"的首要任务是界定构成国家安全威胁的来源。自第二次世界大战后至今,对于国家安全威胁的界定及其应对措施的制定,便成为美国国家安全战略中最为核心的部分。冷战时期,美国将苏联界定为战略威胁对象;冷战结束后,美国对核心威胁的界定一度

---

① 黄紫斐、刘江韵:《网络时代五眼情报联盟的调整:战略引导、机制改进与国际影响》,《情报杂志》2020年第4期,第21页。

② 张爽:《阴谋论、威胁论与美国国家安全观》,《山西大学学报(哲学社会科学版)》2011年第9期,第19页。

出现迷失;"9·11"事件后,美国将恐怖主义作为国家安全威胁最为核心的来源;恐怖主义威胁逐渐获得阶段性缓解后,特朗普政府在美国《国家安全战略》报告中又将中国和俄罗斯列为美国的主要安全威胁。从这个角度看,美国国家安全观的核心要务,就是界定国家安全的威胁来源。无论这种威胁的来源是否真实,都是聚焦于特定的国家或非国家行为体的。① 因此,很容易理解美国国家安全观具有以下特征:在安全思维模式上,表现出进攻性、"零和思维"及"美国优先";在安全目标上,表现为追求绝对安全及霸权地位;在维护安全的手段上,表现出单边主义和先发制人。②

美国的霸权安全观与"五眼联盟"的发展存在密切的逻辑关系。美国为什么要不遗余力地搜集全世界的情报呢?珍珠港事件极大地影响了美国的安全观,日本偷袭珍珠港挑战了美国的太平洋海上霸权,这是美国建国以来所遭受的最大的安全威胁,由此美国正式加入第二次世界大战。由于美国急需破译日本的海军密码,而英国早在1909年就建立了作为国家情报局的特勤局,是最早建立情报机构的国家之一,所以美国军事情报局于1943年4月派人前往英国布莱切利庄园,向英国密码人员学习德国"超级密码"的破解经验和技术。之后,英美双方签署《英美通信情报协议》,根据该协议,美国有责任搜集针对日本人的信号情报(被称为"魔法"行动),英国负责搜集目标为德国和意大利的信号情报(被称为"Ultra"行动)。这一合作被证明是盟军在战争期间

---

① 尹继武:《中美国家安全观比较分析》,《当代世界与社会主义》2020年第3期,第152页。

② 江涌、吕贤:《中美国家安全观差异透视》,《国有资产管理》2018年第5期,第73—79页。

建立信息主导地位的关键。①

1946年冷战开始后，为了与苏联争霸，美国建立了复杂的同盟体系，比如北约、美澳新安全条约组织、美日同盟、美韩同盟，等等。在这些多边或双边组织中，情报交换是其合作的重要内容，但是论情报合作程度之深、范围之广、时间之长，其他同盟体系都无法与"五眼联盟"相比。

"五眼联盟"并不是世界上唯一的多边情报共享网络。比如，伯尔尼俱乐部成立于1971年，是一个由欧盟安全部门负责人参与的情报共享机构；1972年"慕尼黑惨案"后组成的"千瓦集团"，成员包括以色列、英国、法国等11个国家，作为各方交流反恐情报的平台；还有一些不同于国际关系中经常发生的友好国家之间的例行情报共享，涉及国家间进行正式情报交流的网络，其中，最先进的要属在北约特别委员会的框架内进行的情报交换，该委员会自1952年成立以来一直存在，由北约所有安全情报部门的负责人组成。具有讽刺意味的是，即使北约作为一个多国联盟体现了极强的坚固性和持久性，但在情报合作深度、广度和一致性方面也不是"五眼联盟"的对手。②

1946年3月5日，美英签订《英美通信情报协议》，协议的关键词是"交换情报"，即情报成果在英美情报机构之间进行交换与共享。协议规定了情报侦察的范围：一切外国通信，即英美管辖范围以外的所有外国政府，或者任何军事组织，不论空中、海上，抑或派系、政党、部门、机构、司局，或者为上述机构办事的任何人员间产生的一切通信，

---

① DeVine, M. E., "United States Foreign Intelligence Relationships: Background, Policy and Legal Authorities, Risks, Benefits," Congressional Research Service, May 15, 2019, https://crsreports.congress.gov/product/pdf/R/R45720.

② O'Neil, A., "Australia and the 'Five Eyes' Intelligence Network: The Perils of an Asymmetric Alliance," Australian Journal of International Affairs, 2017, Vol. 71, Issue 5, pp. 529–543.

都在协议规定的情报侦察范围内。在这一时期，情报工作的重点是社会主义国家，所以英美两国分工搜集并共享苏联、东欧国家的情报。随着加拿大、澳大利亚和新西兰的加盟，"五眼联盟"基本成型并有力地支撑了美国的霸权地位。"五眼联盟"成员国在情报搜集方面各有所长，在地缘上优势互补，可以为美国的情报提供有力的验证和补充。

冷战结束后，美国"一超独大"，霸权地位如日中天。失去对手的美国，其同盟体系面临着人心涣散的危险，使得美国比拥有对手时更加不安，维持霸权的成本也更加高昂。2001年爆发的"9·11"事件，对美国安全的冲击之猛烈仅次于珍珠港事件，此次危机发生在美国本土，挑战者是一个非国家行为体，整个事件凸显了美国的情报失误。所以，自此之后美国的霸权安全观在政策维度上具体调整为先发制人的反恐战略。面对大量"罩着隐身衣"的恐怖主义组织，美国对秘密情报的需求更为迫切。在反恐10年之后，美国元气大伤；与此同时，新兴市场国家群体性崛起。于是，极力遏制新兴市场国家崛起、继续维护自身霸权地位，成为美国及"五眼联盟"的当务之急。

第二节 "五眼联盟"的运作机制及其演化

"五眼联盟"的核心任务是情报合作。情报等于信息吗？显然不是，信息的内涵要大于情报。自然界包含信息，人类社会也包含信息，但情报属于社会现象。关于情报的本质，国际关系学者刘跃进认为，情报就是"他方的秘密"。也就是说，情报是秘密信息，不是公开信息；情报不是己方的秘密，而是他方的秘密；情报被获取后，既可能成为己方的秘密，也可能被己方公开。宏观而言，情报是人类社会特有的现象，无论是个人、团体，还是国家，都会有自己的情报。这意味着，情报有个人情报，有团体情报，也有国家情报，通常个人情报在情报界和情报学界都很少讨论。①

然而，"五眼联盟"搜集的是全方位的情报。它不是一个中央组织的实体，而是一个由附属独立情报机构组成的联盟。它是世界上最持久和最全面的情报联盟，在应对全球化带来的挑战方面具有独特的地位。"五眼联盟"主要是一个信号情报组织，不组织实施秘密行动，但在全球范围内以广泛的覆盖面对各国的情报能力做出补充。信号情报有几种智能的形式，包括人类智能、地理空间智能、测量和签名智能以及开源智能。伴随各种传输的增加，信号情报拥有越来越高的价值，同时，全球化和互联网创造了一个非常有利于搜集情报和分析情报的环境。信号情报由多个领域的实践组成，包括密码分析、流量分析、电子智能、通信智能以及测量和签名智能。②

作为"五眼联盟"之首，美国通过以下方式培养了与外国伙伴的情报联络关系：一是交换信息、原始数据或已完成的情报；二是拥有基于情报行动的权利，或拥有技术情报设备的特权；三是在搜集和报告相互之间的问题方面分担责任；四是联合秘密行动、搜集或者利用情报行动；五是训练。上述方式大多在双边关系中采用，其中与英国的关系最早也最著名。当然，情报中心与北约成员国、"五眼联盟"国家以及在伊拉克和阿富汗等战区支持联盟伙伴的情报组织也有多边关系。③ 经过70多年的演进，"五眼联盟"成员国之间情报合作的重点几经更替（见

---

① 刘跃进：《情报与国家情报的概念辨析》，载刘跃进：《刘跃进国家安全文集》，中国经济出版社2020年版。

② Dailey, J., "The Intelligence Club: A Comparative Look at Five Eyes," Journal of Political Science and Public Affairs, May 2017, p. 1.

③ Dailey, J., "The Intelligence Club: A Comparative Look at Five Eyes," Journal of Political Science and Public Affairs, May 2017, p. 1.

表6),① 形成了较为完善的工作机制。

表6 "五眼联盟"情报合作的变迁情况②

时间	历史环境	情报合作变迁
1940年7月	不列颠空战爆发	英国提议启动防空情报技术交流,在磋商过程中扩展为密码技术交流
1941年12月	珍珠港事件	美国正式参战,提出由密码专家之间的交流升级为两国政府之间全面交换密码分析相关信息和技术,促成两国在1943年签订《英国政府密码学校和美国战争部关于特定"特殊情报"的协定》
1945年8月	第二次世界大战结束	美国成立通信情报委员会,重组通信监听和密码分析部门,决定在战后保留通信情报工作,同时保留与英国全面交换通信情报的机制,促成两国在1946年签订《英美通信情报协议》
1955年5月	国家情报体系改革	英国政府通信总部和美国国家安全局先后成立,负责制定通信情报交换政策附件和协调具体技术层面合作事项,修订《英美通信情报协议》,一系列政策附件添加进新协议并生效
2000年6月	"梯队"系统曝光	冷战结束后,苏联威胁消失。欧洲议会启动调查"梯队"系统,关注"五眼联盟"通信监听对欧洲国家公民权利和商业竞争的影响。调查报告最终促进了情报和信息安全法律出台,通信情报活动得到规范
2001年9月	"9·11"事件	确立恐怖主义威胁,英美通过立法加强通信情报授权,扩大通信监听范围
2013年6月	"棱镜门"事件	"五眼联盟"网络监听项目被曝光。五国启动部长级会议,作为"五眼联盟"高层协调机制之一。后又建立"五眼联盟"情报监督审查委员会

① 《人民日报钟声:所谓"网络窃密"纯属倒打一耙》,新华网,2019年8月20日,http://www.xinhuanet.com/world/2019-08/20/c_1124895770.htm。

② 黄紫斐、刘江韵:《网络时代五眼情报联盟的调整:战略引导、机制改进与国际影响》,《情报杂志》2020年第4期,第23页。

一、各国参与联盟情报工作的负责单位

据斯诺登披露,"五眼联盟"的落实机构在五国分别为美国国家安全局、英国政府通信总部、加拿大政府通信安全局、澳大利亚国防信号理事会和新西兰政府通信安全局。

二、各国任务分工及监控内容

五国承诺彼此不开展间谍活动。一是地域分工。美国负责监控拉丁美洲、亚洲、俄罗斯的亚洲部分等地区;英国负责监控欧洲、非洲和俄罗斯的欧洲部分;澳大利亚负责监控东南亚等地区;新西兰负责监控西太平洋地区;加拿大在冷战期间负责监控苏联北部地区(包括极地地区),冷战后负责监控中南美洲地区。二是监控手段。将光纤、网络、卫星通信、短波通信等信号情报作为情报工作的重点。三是监控目标。囊括了除五国之外的所有对象,甚至连法国、德国、日本、韩国等美国重要盟友也不放过;还包括国际组织政要、各国首脑等,比如联合国秘书长、时任德国总理默克尔、时任日本首相安倍晋三等。根据斯诺登等人揭露的材料,美国政府实施的臭名昭著的"棱镜"项目是24小时运行的,未经授权肆意对全世界民众的电子邮件、社交媒体、通信设备等进行监听、监控,连一些国家和国际组织的领导人也遭到美国情报机构长期秘密监听。[①] 四是监控内容。从政治情报、经济情报、军事情报到科技情报,从个人隐私、商业活动,到电子邮件、电话、传真、无线电

---

① 《人民日报钟声:所谓"网络窃密"纯属倒打一耙》,新华网,2019年8月20日,http://www.xinhuanet.com/world/2019-08/20/c_1124895770.htm。

波等，都被"五眼联盟"列为监控对象。①

三、联盟会议机制主要由三个层次组成

一是五国情报首长会议。由五国情报机构首长组成的委员会是"五眼联盟"的协调机构，对接成员国政府内各领域情报部门的全方位合作。其成员包括美国国家情报总监、英国联合情报委员会主席、加拿大总理国家安全与情报顾问、澳大利亚国家情报办公室总监和新西兰国家情报评估局总监。首长会议每年至少举行一次，会议的内容是评估过去一年的合作情况，规划下一阶段的重点任务。二是部长级会议。该会议是"五眼联盟"工作的执行层面，由成员国的情报机构对接组成（见表7）。② 各对接机构的领导人也会举办年度评估与规划会议，与首长会议不同的是，由于执行部门遇到的具体事项更多，对接机构会针对特定问题建立专门的跨国工作小组来应对。三是"五眼联盟"情报监管和评估委员会会议。该会议至少每年举行一次会面或者每三个月举行一次电话会议，以回应公众对"五眼联盟"活动"不受监督、权力过大"的担忧。

---

① 贾春阳：《"五只眼"情报联盟：从哪里来，到哪里去》，《世界知识》2013年第23期，第32页。

② 黄紫斐、刘江韵：《网络时代五眼情报联盟的调整：战略引导、机制改进与国际影响》，《情报杂志》2020年第4期，第31页。

表7 "五眼联盟"的情报机构对接情况①

国别	信号系统	国防情报	人力情报	反间谍情报	反恐情报	情报评估
美国	国家安全局	国防情报局	中央情报局行动处	联邦调查局	国家反恐中心	中央情报局情报处、国务院情报与研究局
英国	政府通信总部	国防情报局	秘密情报局	国家安全局	威胁评估联合中心	内阁办公室评估处
加拿大	通信安全局	武装情报司令部	安全情报局	安全情报局	威胁评估融合中心	国际评估处
澳大利亚	国防信号理事会	国防情报组织	安全情报组织	秘密情报局	国家威胁评估中心	国家评估办公室
新西兰	政府通信安全局	国防情报安全局	安全情报局	安全情报局	联合威胁评估中心	国家评估局

第三节 "五眼联盟"的最新动向与未来预测

"五眼联盟"能够长期存在,首先是基于各方共同的利益,其次是基于各方相同的价值观。因为同种同源的五国,对于安全、发展和人权问题持有类似的观点。此外,由四国提供的不同来源的情报为维持美国的全球霸主地位提供了强有力的支撑,而英、加、澳、新四国也在各个方面享受到了霸权国的庇护,在情报信息方面的收益大于付出。对此,澳大利亚格里菲斯大学教授安德鲁·奥涅尔认为,澳大利亚是"五眼联盟"的情报提供者,但它更是压倒性的消费者,从这个意义上说,它是

---

① 黄紫斐、刘江韵:《网络时代五眼情报联盟的调整:战略引导、机制改进与国际影响》,《情报杂志》2020年第4期,第31页。

一个净受益者。如果澳大利亚不是该网络的一部分，它将不得不在情报搜集上花费更多的资源。① 可见，建立在共同利益和相同价值观基础上的"五眼联盟"可使成员国更易获得较强的情报优势。

"五眼联盟"得以长期存在，还与它的进化能力有关。科学技术日新月异，人类踏足的"高边疆"领域不断扩展，国家行为体和非国家行为体不断增加，各种互动的网络越来越复杂，民众的权利意识日益觉醒，恐怖主义等全球性问题层出不穷、花样翻新。在这样的背景下，客观因素给"五眼联盟"的霸权护持增加了新的困难，同时也给霸权下的"五眼联盟"合作提供了新的动力。"五眼联盟"根据世界格局、国际形势的变化，调整自身的战略目标，变换自身的战略对象，改进自身的工作机制，其进化能力适应了新环境，这是其长期存在的重要原因之一。

"五眼联盟"的情报合作不局限于联盟内部，它还追求外围合作伙伴的多元化，以避免情报的同质化。其中，一个重要特点是它与丹麦、法国、新加坡、韩国等所谓的"第三方"国家共享情报。根据斯诺登披露的绝密文件，上述情形包括"在全球20个地点窃听高速光纤电缆"所搜集及交换的信息。然而，斯诺登披露的信息还显示，"五眼联盟"合作伙伴反过来又直接损害了许多"第三方"国家的利益，比如作为北约盟国的德国和法国的利益。② 尽管如此，关于"五眼联盟"扩大的猜测依然经常出现在各大媒体。

"五眼联盟"扩大的可能性。由于"五眼联盟"的比较优势和海量

---

① O'Neil, A., "Australia and the 'Five Eyes' Intelligence Network: The Perils of an Asymmetric Alliance," Australian Journal of International Affairs, 2017, Vol. 71, Issue 5, pp. 529 – 543.

② O'Neil, A., "Australia and the 'Five Eyes' Intelligence Network: The Perils of an Asymmetric Alliance," Australian Journal of International Affairs, 2017, Vol. 71, Issue 5, pp. 529 – 543.

情报资源，很多北约的"亲密盟友"，以及日本、韩国、新加坡、以色列等国，都非常有兴趣加入，成为"五眼"的"新眼睛"，以便共享情报资源，扩大的声音不时被传出。但是，"五眼联盟"近期内扩大的可能性不大。首先，考虑到集体行动的逻辑，一个组织规模越大，效率往往越低。"五眼联盟"的扩大，意味着美国的"亲兄弟们"在联盟中分量下降，新增候选国的身份选择以及其排名位置也会制造新的矛盾。其次，美国对其他国家的信任程度也要打一个问号，仓促扩大联盟极有可能破坏一个用心经营了 70 多年的成熟机制，这显然并不合算。

"五眼联盟"不断设置新议题以获得永久存在的动力。从 2013 年 7 月起，"五眼联盟"开始通过一年一次的部长级会议协调应对威胁的共同认知，其中，非法移民、恐怖主义，尤其是网络安全、太空安全是其近年来关注的重点。美国的战略引导对于"五眼联盟"的调整至关重要，五国通过机制改进措施，大幅度扩展在网络空间的情报行动能力，以巩固"五眼联盟"在网络空间的情报优势。例如，2018 年，美国提出"国际网络威胁倡议"以及"网络空间国家联盟"，预示着美国准备在"五眼联盟"盟友范围内形成统一战线来主导全球的网络空间治理。围绕着网络安全议题，"五眼联盟"经常将矛头指向俄罗斯等国家。这方面的例子不胜枚举，例如，2017 年，全球爆发"想哭"（Wanna Cry）病毒和"NotPetya"勒索病毒，这两种病毒都对计算机发动恶意攻击，使网络处于瘫痪状态，"五眼联盟"指控朝鲜、俄罗斯应分别对这两起攻击行动负责。新议题的设置，可以为五国找到新的共同威胁，从而为霸权下的情报联盟找到继续存在的合法性。

第四节 结语

"五眼联盟"诞生于战火纷飞的第二次世界大战时期，是一个战胜法西斯国家的正义组织；冷战期间成为美国与苏联争霸、谋求集团利益的工具；冷战后又成为护持美国单极霸权，助推西方世界恃强凌弱、谋取各方利益、监控全世界的平台。如今，随着美国国家安全战略的调整，"五眼联盟"越来越迈向一个追求绝对安全，有多边合作之形、行单边主义之实的政治同盟和安全同盟。

2014年4月15日，中国国家主席习近平提出了代表中国国家利益的总体国家安全观，即"以人民安全为宗旨，以政治安全为根本，以经济安全为基础，以军事、文化、社会安全为保障，以促进国际安全为依托，走出一条中国特色国家安全道路"。[①] 党的十九大报告强调坚持总体国家安全观，统筹发展和安全，增强忧患意识，做到居安思危，是我们党治国理政的一个重大原则。坚持总体国家安全观，必须坚持国家利益至上，以人民安全为宗旨，以政治安全为根本，统筹外部安全和内部安全、国土安全和国民安全、传统安全和非传统安全、自身安全和共同安全，完善国家安全制度体系，加强国家安全能力建设，坚决维护国家主权、安全和发展利益。[②]

[①] 《中央国家安全委员会第一次会议召开，习近平发表重要讲话》，中国政府网，2014年4月15日，http://www.gov.cn/xinwen/2014-04/15/content_2659641.htm。

[②] 《决胜全面建成小康社会夺取新时代中国特色社会主义伟大胜利——在中国共产党第十九次全国代表大会上的报告（2017年10月18日）》，人民出版社2017年版。

中国提出的总体国家安全观,体现出防御性思维、非零和博弈及合作共赢理念;中国提出的安全目标,是追求世界和平、人民安全、社会和谐的人类命运共同体;中国维护安全的手段,是坚持共同安全、合作安全。中美国家安全观具有本质区别,美国基于冷战思维的国家安全观是违背历史发展规律的。可以预见,短期内美国国家安全观的安全思维模式、安全目标诉求和维护安全的手段不会发生根本变化。同样可以预见,美国基于冷战思维的国家安全观必然会遭到世界各国,甚至包括美国的西方盟友在内的更多抵制和反对。[①]

中国的共同安全理念决定了中国不会搞情报联盟,不会为了自己的利益四处监听,甚至窃听全世界。在人工智能突飞猛进、集团政治日益凸显、美国以中俄作为主要竞争对手的今天,中国有必要密切关注"五眼联盟"的动向,及时揭露它们的霸凌行为;同时,加强与友好国家的情报合作,高举多边主义和自由贸易的旗帜,始终做世界和平的建设者、全球发展的贡献者和国际秩序的维护者,为构建人类命运共同体作出应有的贡献。

---

① 江涌、吕贤:《中美国家安全观差异透视》,《国有资产管理》2018年第5期。

联合国秘书长篇

联合国秘书长作用的分析[*]

联合国成立以来，在国际关系的风风雨雨中，历尽沧桑，在促成和平、维持和平、裁军、经济和社会发展、人权、非殖民化、国际法等各方面都发挥了重要作用。作为这一全球最大的国际组织的行政首长的秘书长所起的作用自然为人们所关注。自联合国机构开始运转，已产生了多位秘书长，他们包括挪威的特吕格弗·赖伊、瑞典的丹格·哈马舍尔德、缅甸的吴丹、奥地利的瓦尔德海姆、秘鲁的哈维尔·佩雷斯·德奎利亚尔、埃及的布特罗斯－加利和加纳的科菲·安南等。他们处于国际关系的不同阶段，有着不同的背景，发挥的作用也不尽相同。但有一点是公认的，他们都为联合国的成长和壮大，为人类的生存和幸福作出了重大的贡献。由于秘书长的作用涉及方方面面，本文试图从《联合国宪章》的有关规定、秘书长的职能分类，以及影响秘书长作用的诸因素，就秘书长的地位与权能谈谈他的政治作用。

---

[*] 本文发表在董原主编：《北京语言文化大学公共课教学的理论与实践》，中国科学技术出版社2001年版。

第一节 《联合国宪章》关于秘书长地位及权能的规定

关于秘书长地位及权能的规定有一个演变过程。我们知道创建联合国的具体计划是在 1944 年夏天敦巴顿橡树园会议上拟订的,有关秘书长各方面职能等的讨论也始于此。后经 1945 年 4 月旧金山会议讨论、修正,于 6 月 25 日通过的《联合国宪章》作了首次规定。下面我们具体分析一下这一演变过程。

一、旧金山会议关于秘书长的争论

在旧金山会议上,有人建议扩大秘书长的政治权力,使他能够就威胁和平的任何事情通知安理会及大会;还有人建议秘书长应把违反《联合国宪章》基本原则的任何事情提交安理会,这两条建议都没有通过。

在会议上,一些国家提出修正案,希望减少安理会对秘书长选举的控制,如安理会的赞成票不需要包括全体常任理事国的赞成票;一些国家提出对秘书长的选举使用否决权会削弱秘书长行动的独立性,一个常任理事国使用否决权将会迫使全体常任理事国之间达成某种妥协,从而导致任命时的"最低共同标准"现象。这些提案都遭到大国抵制而没能通过。

秘书长的任期问题也是旧金山会议争论的一个焦点。联合国筹备委员会在旧金山会议上把敦巴顿橡树园会议提出的 3 年一任改为 5 年一任。墨西哥在会上曾提出7—10年的单一任期，但后来5年任期及连任一次为大家所接受。1946年1月24日，联合国大会第11（1）号决议声明："第一任秘书长任期5年，期满时可以连任5年。"

关于秘书长的任职资格，敦巴顿橡树园会议、旧金山会议甚至《联合国宪章》都没有明确的规定，有的只是不成文的规定。1945年8月，美国国务院会议对未来的秘书长总结道："他应是在外交和对外国政治机构的经验方面有公认威望和能力的人。他的年龄应在45—55岁之间，并应掌握流利的法语和英语。"后来的备忘录陈述道："如果可能的话，秘书长不应是五大国之一的国民，他应靠其资格而当选。"1945年9月阿德勒·史蒂文森对爱德华·斯退丁纽斯说："我们赞成选举杰出的合格的人士，已获得某种国际地位而最好又是中小国家的人士更可取。"

二、《联合国宪章》的有关规定

《联合国宪章》对于秘书长的规定，主要体现在第十五章第九十七条至第一百零一条里。

第九十七条规定了秘书长的产生方式和秘书长的地位："秘书处置秘书长一人及本组织所需之办事人员若干人。秘书长应由大会经安全理事会推荐委派之。秘书长为本组织之行政首长。"后来联合国筹备委员会对此作了解释，说秘书长具有一般的行政和执行职能、技术和财务职能，负有组织的最后责任并管理秘书处。

第九十八条规定了秘书长与联合国其他机构的关系及秘书长的任务："秘书长在大会、安全理事会、经济及社会理事会以及托管理事会之一切会议，应以秘书长资格行使职务，并应执行各该机关所托付的其他职务。秘书长应向大会提送关于本组织之常年报告。""各该机关所托付的其他职务"所指是非常广泛的，这使秘书长在建立和管理维持和平部队方面扮演关键的决策性作用。另外,当联合国某些机构陷于瘫痪时,秘书长往往可以不经授权,发挥主动作用。秘书长的年度报告使秘书长能不断关注世界上的主要争端,分析联合国的作用,并把自己的建议加入到有关决议中,秘书长在报告中强调哪些主题也是至关重要的,因此年度报告并不是例行公事、官样文章。

第九十九条是《联合国宪章》赋予秘书长的特别政治权力,"秘书长得将其所认为可能威胁国际和平及安全之任何事件提请安全理事会注意"。这一条是学者们历来津津乐道的联合国秘书长与国际联盟秘书长的区别之处。关于第九十九条的涵义,联合国筹备委员会在1945年作了解释:"秘书长可能扮演重要的角色,如调解人或许多政府的非正式咨询人。在实施他的行政责任时,无疑时时要求他作出可称为政治性的决策。依据《联合国宪章》第九十九条,他还被授予一种特别权力,这种权力是以前任何国际组织的领导人所没有的,即将任何事件提请安理会注意(而不仅仅是冲突或局势),依他看来该事件可能威胁世界和平与安全。不能预料到这一条如何运用,但是赋予秘书长的责任需要运用最高程度的政治谈判、策略和忠诚。"第九十九条虽使得秘书长具有了《联合国宪章》认可的政治作用,但具体的政治职能却缺乏进一步的规定。哈马舍尔德在牛津大学的演讲中断定,第九十九条必然暗指"更广泛的处理权,以便就关于可能威胁国际和平与安全的事件进行调查和从事非正式的外交活动"。但在实践当中,秘书长很少援引第九十九条,因为这一权力与大会、会员国的权力是重叠的,而且正式援引往往风险性很大。

第一百条规定了秘书长与各政府的关系。首先是对秘书长方面的要求:"秘书长及办事人员执行职务时,不得请求或接受本组织以外任何政府或其他当局之训示,并应避免足以妨碍其国际官员地位的要求。秘书长及办事人员专对本组织负责。"其次是对会员国方面的要求:"联合国各会员国承诺尊重秘书长及办事人员责任之专属国际性，决不设法影响其责任之履行。"本条显然受到国际联盟秘书长德乐蒙做法的启发，它是秘书长中立地位的保证。但是秘书长的中立性在实践中经常引起争论，较有代表性的当推赫鲁晓夫的论断："存在中立的国家，不存在中立的人。"哈马舍尔德对于中立的真正涵义和重要性，有很好的论述。

第一百零一条说的是秘书长对于秘书处办事人员的任命标准。首先是标准的来源："办事人员由秘书长依大会所定章程委派之"；其次是秘书处工作人员的构成，"适当之办事人员应长期分配于经济及社会理事会、托管理事会，并于必要时分配于联合国其他之机关。此项办事人员构成秘书处之一部"；最后是办事人员的任命标准，"办事人员之雇佣及其服务条件之决定，应以求达效率、才干及忠诚之最高标准为首要考虑。征聘办事人员时，于可能范围内，应充分注意地域之普及"。这一点在实际贯彻中也是充满斗争的，实际中的首要考虑往往是会费捐助情况和政治实力，人口因素和地域普及次之，尤其是秘书处的高层官职通常是由大国占有的。

这样，《联合国宪章》第九十七条至第一百零一条，就构成了秘书长权能的法理基础。

第二节　联合国秘书长的作用

从以上分析可以看出，秘书长在联合国中有着突出的地位，其权限也是非常广泛的，具体包括：在解决争端中进行斡旋和调解，管理维持和平行动，同各国政府代表进行讨论，对世界经济趋势和问题进行调查，研究人权、自然资源等问题，组织国际会议，编纂统计，搜集安理会及其他机关所做决定的执行情况，进行条约的登记和公布，口译发言和笔译文件，为世界各新闻机构提供服务，编制财政预算等。

这里将着重分析秘书长的政治作用。笔者认为，秘书长的各种职能是相互关联的，是不能截然分开的，因此以一种更为综合的把握可能更完整一些。因而可以按照秘书长发挥作用的时间、空间，把其职能分为三大类，即事件发生前的预警作用、事件发生后的"救火"作用、事件平息后对有关决议、协议、条约实施的监督作用，这三者构成了一个有机系统。

一、事件发生前的预警作用

事件发生前的预警作用指的是秘书长密切注视世界各地潜在的冲突，向国际社会昭示其危险性，引起各国的重视，从而以较小代价解决隐患。遗憾的是，联合国各会员国并没有给秘书长提供条件，让其发挥如此重要的作用。争端愈演愈烈，局势恶化成大规模冲突时有发生。这时联合国再来影响局势，更加困难，而且耗资巨大。前秘书长德奎利亚尔在最后一次向大会做的年度报告中指出："联合国现在没有一种办法，对可能发生或新冒头的冲突局势保持公正而且实施全盘监视。预防性外交的先决条件是具备早期预警的能力，而早期预警能力则需要有独立收集的可靠的数据库。秘书长现在能得到的资料是根本不够的。秘书长无法使用例如设在外空的以及其他技术侦察系统等技术设备，又没有设在外地足以应付需要的代表人员，很难想象能够从十分公正的角度对可能发生冲突的局势进行监测。"

秘书长在事件发生前的预警作用问题已不是一个新问题，从联合国诞生之日起就存在了。第一任秘书长赖伊曾提议在各首都派驻联合国大使，主要是听取意见和搜集事实，以允许秘书长在有可能出现麻烦的形势下保持连续的介入。后来的秘书长瓦尔德海姆也提过这一意见，但都没有受到重视。有人说这种做法耗资太多，并且联合国各专门机构的代表们已经起着这样的作用。这反映出一些会员国骨子里对秘书长乃至联合国存有偏见，即不到万不得已、走投无路时，不求助于联合国的干预。这种资料信息的缺乏极大地限制了秘书长的预警作用。当然，秘书长的勇气与胆量也是影响其预警作用的因素之一。

可喜的是，目前在喀布尔、伊斯兰堡、德黑兰和巴格达已经设立了秘书长的政治办事处，这将保证秘书长与热点地区的紧密联系和掌握第一手的资料，使哈马舍尔德倡导的预防外交成为事实。

二、事件发生后的"救火"作用

这指的是秘书长为使国际争端获得和平解决而奔走呼号，参与调停，起斡旋、和解、仲裁作用，以及在建立、统率维和部队方面的作用。

1. 呼吁和敦促作用

秘书长呼吁和敦促双方以谈判与协商方式解决争端。谈判与协商是争端双方直接会谈，当面澄清事实真相，阐明各自观点，消除不必要的隔阂和误会，增进相互了解和信任，从而在求同存异、互谅互让的气氛中求得争端的解决。因此，它比求助于第三者更有优越性。如1961年12月，荷兰与印度尼西亚军队在西新几内亚地区发生了战斗。12月19日，秘书长吴丹向荷兰首相和印度尼西亚总统发出了内容相同的电报，对于在印度尼西亚与荷兰之间可能出现的严重局势深表关注，并且真诚地希望双方能共同谋求一项和平解决这一问题的办法。后来两国驻联合国代表开始会谈，协议对移交西新几内亚的行政和最后实现该地人民的自决作出了规定。1962年9月20日，两国政府批准了该项协定。又如，1988年10月30日，新一轮两伊（伊朗、伊拉克）和平谈判将在日内瓦举行。秘书长德奎利亚尔敦促伊朗和伊拉克双方遵照安理会第598号决议，共同做出努力，以推动处于僵局的和平谈判。他希望这一轮会谈能尽快取得实质性进展。但他认为，会谈能否动取成功取决于两伊双方是否有良好的意愿和在政治上是否做出了相应的决定。

可以看出，吴丹是呼吁双方以谈判方式解决争端，德奎利亚尔是敦促双方在谈判中迈出实质性的步骤。当然并不是秘书长振臂一呼，所有争端就能立刻通过谈判迎刃而解，在实际当中，既有进一步升级的行为，也有旷日持久的谈判，还有"打打谈谈、谈谈打打"的情况。

2. 斡旋与调停作用

当争端双方不愿意直接谈判，或者虽经谈判而未能解决争端时，秘书长将出面协助双方解决争端。他可以亲自出马，亦可以让其代表执行。斡旋与调停的区别主要看秘书长是否亲自参与谈判。斡旋者自己不参与双方的谈判，而调停则是以调停者身份主持或参加谈判，提出条件作为谈判的基础，并调和、折衷争端各方相互的主张或要求，缓和或平息它们之间的敌对情绪，使争端双方达成协议。

吴丹和平解决越南问题所做的努力是秘书长斡旋功能的体现。1964年8月5日，美国突然轰炸北越，制造"北部湾"事件。秘书长注意到危机的恶化，于1965年2月12日，对越南战争升级的可能性发出了严重警告，并呼吁主要当事国之间进行对话，以便为进行正式谈判做准备。1966年2月，秘书长为促成谈判的开始，提出了某些初步性步骤，如停止轰炸北越，降低在南越的军事活动水平并愿意与实际交战者进行商讨。尽管吴丹为谋求问题的和平解决尽了最大努力，但由于种种原因，吴丹在越南问题上没有取得积极进展。

调停功能可以以德奎利亚尔在萨尔瓦多问题上所做的努力为例。1989年底，中美洲五国（危地马拉、萨尔瓦多、洪都拉斯、尼加拉瓜、哥斯达黎加）总统请秘书长更积极地进行外交努力，寻求解决萨尔瓦多冲突的办法。各国要求秘书长设法寻求该区域以外国家的支持。后来萨尔瓦多政府和法拉本多·马蒂民族解放阵线同意在秘书长主持下，开始谈判进程，迅速结束10年来的武装冲突。在秘书长代表的积极参与下，各方就尊重人权的文件达成部分协议，该文件规定萨尔瓦多长期接受联合国的监督。

3. 和解（调解）作用

和解是将争端提交一个由若干人组成的委员会，委员会的任务是阐明事实，提出报告，其中包括解决争端的建议，以设法使争端当事国各方达成协议。如1987年8月7日，联合国秘书长、美洲国家组织秘书长应中美洲各国总统的请求，共同建立了国际核查和贯彻委员会，秘书长也是其成员之一。该委员会在使尼加拉瓜反抗力量同意解散方面，发挥了重大作用。该委员会还和联合国难民事务高级专员一起共同解决本地区的难民问题。

4. 调查作用

巴林问题是一个例证。瓦尔德海姆在任时，英国和伊朗围绕巴林的地位问题发生了争执。伊朗政府认为巴林是伊朗的一部分，而英国认为巴林是与其有特别条约关系的一个阿拉伯主权国家。1970年3月，应两国政府的请求，为了解决两国政府在巴林地位上的分歧，秘书长指派了一位私人代表去查明当地人民的意愿。秘书长指派联合国日内瓦办事处总干事圭恰迪为其私人代表。圭恰迪在访问巴林后写成的报告中说，巴林的绝大多数人民希望他们的国家是一个能够自行决定与其他国家关系的完全独立的主权国家。在安理会对此报告表示赞同后，伊朗和英国都接受了秘书长私人代表所作的结论。1971年6月15日，巴林成为一个独立国家。

5. 仲裁作用

仲裁指的是当国家间发生争端时，当事国把争端交付它们自己选任的仲裁人处理。相互约定接受其裁决，我们通过分析"彩虹勇士"号事件的解决来看秘书长的仲裁作用。1985年夏天，绿色和平组织的"彩虹勇士"号船打算驶往太平洋中的穆鲁瓦岛，去阻止法国在那里进行的核试验。7月16日，该船在新西兰的奥克兰港被炸，船上的一名荷兰公民被炸死。对法国特工人员在这一事件中起了什么作用，新西兰和法国双方发生争执。两名法国特工人员被新西兰当局逮捕，并被判处10年徒刑。为此法国对新西兰农产品实行报复，新西兰羊脑被法国当局列为需经额外卫生检查的产品，还有传闻说要削减从新西兰进口的黄油配额。这时有新西兰政府提议双方到联合国秘书处寻求解决。结果，1986年6月1日，秘书长应请求就双方分歧进行了裁决。法国、新西兰双方递交了书面报告，概述事件的经过和它们已通过谈判达成的解决方案的要点，并指出难以达成一致的地方。双方还事先同意秘书长的仲裁对双方都有约束力。于是秘书长对双方进行了书面调查，并提出一项书面建议，双方均按事先约定履行了这一建议。它包括法国向新西兰正式道歉，并支付700万美元的赔偿金；新西兰将两名特工人员移交法国监管，条件是他们在波利尼西亚群岛中的一个完全与世隔绝的小岛即法属哈奥岛上"服役"3年。法国还保证将不再限制新西兰与欧共体的黄油和羊肉贸易。这样，通过秘书长的仲裁，双方争端获得圆满解决。

6. 在维和部队方面发挥的作用

秘书长在维和部队方面发挥的作用表现在两个方面，一是提议建立联合国维和部队;二是在安理会和大会授权下统率联合国维和部队,任命其司令,组织其人员。这方面有名的例子是1960年的联合国刚果维和行动。1960年7月1日,刚果共和国宣布独立,但刚果的军政大权仍操纵在比利时手中,由于刚果士兵反对比利时军官,爆发了大规模的群众反比斗争。比利时当局借口"保护本国公民"出兵镇压,刚果政府要求联合国援助。7月13日,安理会讨论此问题时,秘书长哈马舍尔德向安理会提出建立联合国刚果行动中心。之后,安理会通过第143号决议,要求"比利时从刚果撤军,授权秘书长采取必要步骤,在同刚果政府磋商之后,向刚果政府提供一切必需的军事和技术援助,直到刚果国家保安部队能完全承担其职责为止"。于是建立的由30多个国家提供的近两万人的队伍,在美、英、苏、意、加空军的支持下大批进驻刚果。联合国驻刚果维和部队迫使比利时部队及雇佣军全部撤离,完成了刚果的统一和独立。但是,在美国的策动下,假手"联合国军",推翻了以卢蒙巴总理为首的合法政府。这是联合国维和部队在刚果问题上所起的负面作用。

三、事件平息后对有关决议、协议、条约实施的监督作用

通过和平途径,一些争端得以达成决议、协议、条约后,秘书长要密切注视这些有关决议的实施情况。正如秘书长德奎利亚尔在第37届联合国大会所做报告中指出的那样:"在联合国内有一种趋势,各国政府对所讨论的主题似乎只要通过一项决议,就免除了进一步的责任。《联合国宪章》的意思绝非如此。各项决议,尤其是安理会一致通过的决议,事实上应当是各国政府给予支持和发挥决心的出发点,应当从而推动它们在联合国外的政策。这才是《联合国宪章》加于会员国的条约义务的真意。换言之,除非各会员国政府给予适当的支持并付诸行

动,世界上最好的决议也不会有什么实效。"

当然,对协议的解释会发生争执,秘书长就要根据《联合国宪章》和国际法准则作出解释;破坏协议的事情也屡屡发生,秘书长就要呼吁双方遵守协议,呼吁国际社会运用各自力量去推动双方对协议的贯彻执行。例如1988年10月18日,秘书长德奎利亚尔对阿富汗国内战火不息深表关切,要求《日内瓦协议》的签约国履行它们的诺言。《日内瓦协议》是由阿富汗喀布尔政权和巴基斯坦政府签署并由苏联和美国担保的。但后来签约国互相指责对方违反条约。德奎利亚尔表示,联合国对双方的抱怨都已进行了调查,两国政府在调查之后都表示要执行《日内瓦协议》,忠实地履行条约所规定的全部义务。

以上我们分析了秘书长的诸多职能,但是在实践当中这些职能是不能截然分开的,也是很难区分的,有时秘书长发挥的作用可能超出其各种职能的字面含义,这些都要以当地事件的复杂性为转移。我们通过秘书长多年来的实践可以看出,其作用正不断得到加强,每一位秘书长通过其多方面的活动都给后人留下了一大笔遗产,这些是值得我们仔细分析与总结的。

第三节 影响秘书长作用的诸多因素

《联合国宪章》规定了秘书长的地位、权限,也提出了他发挥作用时应具备的公正、独立、忠诚与中立原则。秘书长在国际活动中,具有如此多的职能,其重要性是不言而喻的。但是秘书长在发挥作用时所受的限制也是非常多的。对秘书长所起作用的评价以及应起什么作用也众说纷纭。让我们先看一下历届秘书长对秘书长一职的评价,这对我们加深对秘书长作用的了解不无启发。

一、历届秘书长论秘书长职务

1. 赖伊（1946—1953 年）

赖伊是 1946 年 2 月 1 日当选为联合国秘书长的。他后来回忆刚当选时的情景："完全是被推到秘书长这个位置上的。这对于我最大的梦想是一个挑战，也是一个噩梦。我不敢想象这一天的到来。我不断地问自己为什么这一令人敬畏的任务落到一个工党律师身上。"

赖伊在就职演说中宣布他不是被请来制定联合国的政策的，联合国的政策路线已经由《联合国宪章》所制定，由联合国不同机构的决议所决定。秘书长的任务是协助这些机构实施这些决议，使《联合国宪章》的政策计划成为活生生的事实。

他认为，"秘书长"一词中"秘书"与"首长"的区别很难界定，因此他想采取一种实用的中间方法，即吸取所有顾问的意见，但最后自己拍板。关于秘书长政治权力的发展，他没有一个确切的计划，他认为，秘书长应是一种和平力量，他将在发展中找到应用这种力量的方式。

1946 年，围绕希腊与阿尔及利亚、保加利亚、南斯拉夫的边境问题，赖伊声明为履行《联合国宪章》第九十九条，秘书长具有调查权。1949 年，赖伊对美国联合国协会发表演讲，谈到他受到许多联合国朋友的批评，有人怪他过多地干预政治争端，也有人嫌他干预太少。1953 年 4 月，赖伊在机场欢迎新任秘书长哈马舍尔德时提到，秘书长的工作是世界上"最困难的工作"。1954 年赖伊写到："任何秘书长如果力图成为《联合国宪章》所设想的那种官员，他将发现这在将来会不可避免地招致一国或多国、大国或小国的不快。他将成为来自'左派''中派''右派'的批评的靶子。"

2. 哈马舍尔德（1953—1961年）

哈马舍尔德在1953年公开声明，认为秘书长应该听取、分析和学会充分理解起作用的力量和处于危险中的利益，这样他将能够在形势需要的时候给予正确的建议。他应是最主动的人，但他的主动应限于作为手段、催化剂和激励者。

随着情况的发展，哈马舍尔德越来越强调秘书长的"悄悄"外交、预防外交和加强秘书长的独立地位。他认为国际公务员的中立并不意味着没有观点、没有理想，没有同情与厌恶。他特别重视把《联合国宪章》第九十八条与第九十九条联系起来。他认为秘书长要有自己的权限和地位，并不完全依赖于会员国的决定。

哈马舍尔德在1959年给联合国大会的报告中，再次阐述了他关于秘书长的独立权力的观点："应注意到在最近的国际争端案例中，或涉及会员国的其他困难中，秘书长派出了私人代表去协助各政府的努力。这可能被认为是秘书长经常履行的斡旋行动的进一步发展。我提到的这些步骤是应有关政府的同意或请求而采取的，但是没有联合国其他机构的正式决定。秘书长的这一行动是在他的权限之内，依我看，当这些行动是为《联合国宪章》目的服务时，它与《联合国宪章》是严格一致的。"同时哈马舍尔德也很注意何时需要秘书长的"主动"，他以如果政府间谈判仍在进行，如果它们已经建立了联系，秘书长不管多么关心，他都应该后退，他没有理由跳到舞台上，接替任何政用的责任。

3. 吴丹（1961—1972年）

吴丹认为，秘书长履行其斡旋功能，越不公开，成功的可能性越大。"悄悄"办法可以避免公开对抗，尤其当安理会不能就有效行动达成一致时，秘书长把局势公开提请安理全注意是最没有用的。

———联合国秘书长篇

他认为应澄清一个错误认知，即秘书长可以与一个国家首脑相比。在回忆录中他写道："当众多会员国无所作为时，指责秘书长不能采取行动是没道理的。很明显，秘书长没有任何主权，没有任何独立的权力，然而他必须保持独立的判断，不成为任何国家或国家组织的代理人。没有议会为秘书长颁布可行的立法，就像议会给总理提供明确的指示那样。没有明确的政策指明他行动的方向。没有国家庞大的常设行政机关支持他，缺乏第一手的信息来源，由于指示的模糊、财力的匮乏，他面临着现在的冲突或将来的问题，在维和行动或大规模救济方面，仅有基于自愿捐助的财力。"

关于世界和平与安全，吴丹认为，有两点是秘书长必须考虑好的，一是为了和平应随时准备采取主动，而不管他的作用或他本人的结果如何。在这种情况下，秘书长个人的威望甚至秘书长的地位都是可以牺牲的。二是维持秘书长的独立地位，就如《联合国宪章》第一百条规定的，为了世界和平，他可以"无忧无虑"地自由行动。这种独立并不意味着不尊重会员国的希望或意见。相反，这种独立保证秘书长能够符合其誓言，服务于联合国所有会员国的长期的和平利益。

4. 瓦尔德海姆（1972—1981年）

瓦尔德海姆认为，秘书长的本质是秘书长应被所有国家认为不忠于任何个别国家、个别组织和个别利益，只代表联合国和普遍利益。秘书长的公正使得他在最复杂的局势下，为各方所接受。

关于秘书长的权限，他认为，秘书长具有保全双方面子的斡旋、调停功能，对联合国维和部队的日常领导和控制，最重要的是秘书长在形势危急、没有其他解决办法时，可在各政府认可的情况下采取主动。但是秘书长的独立行动能力是非常有限的，他没有真正的权力。如果没有各政府的合作与支持，他是无所作为的。他有的只是道义上的权威，他可以为了原则、《联合国宪章》、普遍的利益和良心而呼喊,当只有他的干预是解决争端的最后希望时,他才被授予真正的权力。

瓦尔德海姆认为,秘书长必须做两件基本的事情:"一是在日常国际生活中,同世界上所有选民尽可能保持密切的联系,随时了解他们的问题,并在需要的时候帮助解决这些问题。对会员国的忧虑、渴望、感受要特别灵敏,协调其政策,给它们提供合理的办法摆脱困境。二是保卫《联合国宪章》的理想。实现这些理想虽然很难,但是事实上也不断取得了缓慢的进步。"

瓦尔德海姆还认为,秘书长虽然在世界政治中不是一种主权力量,但是在曲折复杂的人类事务中,他能提供一些长远的东西,他是人们寻求解决方案的安静的中心,是忠实的调解人,是国际社会理想的卫士。秘书长正处于一种不断演变的过程中,这就是担任秘书长一职尽管有时受挫但依然令人神往的一个原因。

5. 德奎利亚尔(1982—1991年)

德奎利亚尔认为,秘书长具有政治与行政两方面的职能。秘书长在发挥政治职能时应避免过于自由扩大秘书长作用,或仅仅限制在《联合国宪章》规定的责任上。安理会、联合国大会、各国政府对秘书长的信任具有非常重要的意义,秘书长本身需要独立的判断,做到公正并被各方所承认;既要公开发言,又要"悄悄"外交。他认为,裁军、人权、南北对话和自然灾害是秘书长优先考虑的问题。

德奎利亚尔认为,多年来秘书长的政治责任有了很大增长,而行政领域的权力却不断被侵蚀。他在第38届联合国大会的报告中指出:"大会的指示,工作人员的利益和按照《联合国宪章》推行良好和有秩序的行政责任经常使我左右为难。我认为,如果我们充分认识到这项工作的实际困难,加强秘书处和行政方面的共同目的,联合起来共同努力,对大家都有好处。"

在德奎利亚尔最后一届年度报告中,他再次强调了这一问题:"所以我再度提出我以前提过的意见,大会扩大秘书长的权力是完全符合联合国三个有关机构之间的相辅相成关系的。这种关系多年来的成长已经很有实效。这一发展也将加强秘书长的作用。从许多最高层的发言可知,加强秘书长的作用是会员国常常声明的目标。这将是发展国际法和国家法律规范的重要途径,而这些法律与规范是联合国活动和国际关系的基础。"

关于秘书长的责任,德奎利亚尔在第41届联合国大会的报告中论述得很清楚:"秘书长有义务在报告讨论的所有领域内提供指导和协助。他必须设法提出概念和办法,借以汇集各会员国关于种种政治问题的意见,他也需要通过各种形式的斡旋,主动设法防止冲突并解决争端。在全球性经济和社会问题的广大领域内,秘书长应该提出一个未来的前景,并指出如何将这个前景变成事实的优先顺序,他必须设法使各政府间机构的有关决定得到执行。作为行政首长,他必须指导和控制秘书处,以便为本组织及其会员国提供最高质量的服务。"

6. 加利(1992—1996年)

加利是第一位来自非洲的联合国秘书长。自任职后,他努力增强联合国在世界事务中的影响,为联合国在冷战结束后如何更有效地开展工作和最大限度地发挥作用进行了积极探索与尝试,对维护世界和平孜孜不倦,起了有益作用,受到世人的普遍赞扬。但是由于其性格倔强,一再坚持维护联合国"最低限度的独立性",并因此在处理索马里、波黑等问题上与美国屡屡产生分歧,最终招致了美国的不满。美国以加利"对联合国改革不力"为由,对其第二任期行使了否决权,使加利成为联合国史上第一位没有获得连任的秘书长。这件事是我们了解秘书长作用的活生生的教材。世人原以为冷战结束了，联合国将发挥更大的作用，但联合国维和行动雷声大雨点小，正如加利所抱怨的："我并不是一个拥有4千万人口的国家。我没有军队，没有土地，没有警察。联合国的重要性来自它的道德价值，来自它的信誉。"① 尤其是美国对联合国政策的改变，不仅使得秘书长的作用大为逊色，而且使联合国本身处于破产的边缘和尴尬的境地。联合国的财政危机与北约撇开联合国空袭南联盟，其教训是非常深刻的，虽然最后科索沃问题又回到联合国，但联合国给人的感觉无异于北约侵略的遮羞布。

7. 安南（1997—2006 年）

安南是一位资深的联合国官员。在当选秘书长之前他已经在联合国工作了34年，因此他是对联合国体系非常了解的秘书长之一。安南是在美国的鼎力相助下才得以当选的，因此美国对他寄予了很高的期望。但是，面对广大的成员国尤其是发展中国家，安南深知作为联合国秘书长不能过分迁就美国等西方大国的要求，更不能按照美国的霸权旨意办事，而必须尽可能保持公正。他曾屡次明确表示："我向来是独立自主的人，不会依附于任何人。我将谋求同所有国家合作，我是整个世界的秘书长。"②

但安南无疑吸取了加利的教训，在国际风云中表现出了高超的外交手腕。但随着国际局势的变幻，安南的角色也接受着进一步的考验。他因反对美国2003年侵略伊拉克而遭到美国的报复，即力图在石油换食品的案件中抹黑安南。

---

① 陈鲁直：《联合国秘书长和维持国际和平与安全》，载袁士槟、钱文荣主编：《联合国机制与改革》，北京语言学院出版社1995年版，第249页。

② 方中霞主编：《世界大管家：联合国秘书长们》，时事出版社1997年版，第295页。

——联合国秘书长篇

二、影响秘书长作用的诸多因素

笔者认为可从联合国外、联合国内两个角度来分析影响秘书长作用的因素。联合国外指的是国际格局的大背景,联合国内则主要指各机构间的制衡关系和秘书长个人特点对秘书长作用的影响。

1. 国际关系的大格局

在雅尔塔体系下的两极结构对战后国际关系起着决定性影响,冷战是其中的主旋律,联合国作为雅尔塔体系的一部分,它的运转必然受到两极结构的制约。苏美对峙给秘书长的工作带来很多困难,我们从赖伊与朝鲜问题、哈马舍尔德与刚果问题、吴丹与越南问题的关系,就不难看出,当秘书长的工作触及大国利益时,触及东西对抗的敏感神经时,会是多么艰难、多么危险。秘书长或遭抵制,或其连任受威胁,或秘书长有被"三驾马车"方案(赫鲁晓夫所提议的三个秘书长方案)所代替的危险,或面临令人头疼的财政问题。秘书长的产生也往往是冷战的综合结果。人们所津津乐道的哈马舍尔德的预防外交是冷战激烈程度的反映,他想绕开大国,抢先维持和平,但结果不过是另一种形式的大国干预。冷战的焦点构成了秘书长的工作重点,这包括了冷战的政治、经济、军事的多种领域及世界上的众多地区。

两极结构对秘书长工作的限制可以从战后初期的欧洲得到证实。由于欧洲是冷战初期的重点,所以这时的秘书长在欧洲没有什么重大建树,其有影响的参与都在欧洲以外,如中东、朝鲜和刚果。在两极结构内外,不时发生一些冲击,如第三世界的崛起、欧洲一体化的趋势、社会主义阵营内部的矛盾。这些虽给秘书长的工作带来新特点,给秘书长的独立与作用的增强带来新的保证,但这些冲击都没有从根本上改变两极结构。

战后众多的国际组织开始建立,其作用也逐步加强。除了最大的全球性组织联合国外,还相继成立了一些区域组织,如 1945 年 3 月成立的阿盟,1948 年成立的美洲国家组织,1963 年成立的非洲统一组织,1967 年成立的欧共体和东盟,这些区域组织对秘书长的工作起到支持与辅助作用。1971 年 10 月,中华人民共和国在联合国席位的恢复具有重要意义。中国属于第三世界国家,是安理会常任理事国,中国又有自己独特的和平外交传统"东方国际秩序"①,这将对秘书长的产生、秘书长作用的发挥产生积极影响,能给秘书长乃至国际社会提供新的参照系。由于有了中国,使联合国更富代表性,使之更能按《联合国宪章》的原则运转。

2. 联合国内各机构间的制衡关系

这包括两层意思,一是联合国大会、安理会对秘书长作用的影响,二是秘书处内部的关系,即秘书长同各部门的关系。

关于第一个问题,我们先看联合国大会对秘书长的影响。由于联合国大会主要是一个审议和提出建议的机关,它具有广泛的职权,因此它对秘书长的影响是重大的,它可以任命秘书长、审议秘书长的年度报告,制定秘书处的管理规程、审查秘书处的行政预算。它也可以提请安理会注意危及国际和平与安全的情势。这一点和第九十九条是交叉的。

安理会是联合国的中心机关。它对秘书长的影响表现在向联合国大会推荐秘书长人选,它可以授权秘书长执行它所托付的任务。

安理会对于秘书长的影响是深远的,理事国在秘书长人选产生过程中的苦斗、安理会的种种委托,都是其表现。当大国意见不一致,安理

---

① 张之毅:《国际秩序的比较研究》,《外交学院学报》1991 年第 3 期,第 1—8 页。

会陷于瘫痪时，虽为秘书长不经授权去执行斡旋功能提供了机会，但这同时也预示着很大的危险。

《联合国宪章》虽然规定了联合国大会、安理会与秘书长的平衡关系，但在实践中这种平衡是很难做到的。联合国大会与秘书长权力之间并没有明确的界限。例如在人事方面德奎利亚尔抱怨联合国大会对征聘的各方面问题给出了愈来愈详细的指示，剥夺了秘书长颁布《工作人员服务细则》的权力，认为这样不一定使本组织的工作进行得顺利或管理得有效；在财政预算方面，联合国大会授权秘书长就每一个财政期间作出方案预算，交给联合国大会作最后决定，但在这方面秘书长经常同第五委员会行政和预算咨询委员会发生矛盾。德奎利亚尔认为："现在有一个趋势，就是为某些职务设立自主的单位——而秘书长没有明确权力可以控制这些机构。这种趋势引起了严重的组织责任和权力问题。这有时可能并不符合《联合国宪章》所载的'一个统一的秘书处，在一个单独的领导下协作'的概念。"

关于第二个问题，在秘书处内部，秘书长虽为一家之长，也必然受到不同部门的制约，因为这些部门领导有着不同的背景，国家利益仍在起作用，秘书处的任务又如此五花八门，这都给秘书长的工作带来了困难。

3. 秘书长的个人因素

这包括秘书长的出身背景、主要经历、个人修养（胆量、谋略、学识、幽默感）、宗教信仰、外交技巧、健康状况等。综观几位秘书长的风格，可以得出一个粗线条的印象，赖伊的大刀阔斧、办事公开，为联合国的正常运转立下首功；哈马舍尔德闲静少言、爱好广泛、理论造诣深，以预防外交、"悄悄"外交而驰名，并受到西方学者的高度评价；吴丹笃信佛教，办事稳健；瓦尔德海姆外交技巧娴熟，人称外交家的外交家；德奎利亚尔谦虚谨慎、尽心尽力，同样富于外交经验；加利性情直率，矢志改革，壮志未酬；安南平静温和，含蓄练达。

总揽能影响秘书长作用的诸因素，应对国际格局、制衡机制、个人特点通盘考虑。国际格局会影响联合国机制的运转和演变，国际社会力量的变化会在联合国大会、安理会、秘书处内会得到反映；联合国机制也会对国际格局起反作用；秘书长的个人特点既有历史原因，也有时代特色，要在机制允许的范围内起作用，秘书长的不同风格和特点又会给国际社会和国际组织带来不同的影响和变化。

从以上三个大方面的分析中，我们可以看出，秘书长的工作是既艰难又富于价值的工作。有《联合国宪章》作保证，有联合国各机构的配合，有各会员国的合作与支持，这是其成功的保障。但同时《联合国宪章》的规定有许多不明确之处，各机构间有相互牵制的一面，会员国的抵制与不合作也屡见不鲜，每届秘书长都在为人、财、物的匮乏而伤脑筋。有时秘书长的工作是如此地可望而不可及，其工作的火候也难以把握。

国际关系的高度复杂和多种需求决定了秘书长工作的难度，但就是在这种"全世界最不可能做的工作"（赖伊语）上，七位秘书长都取得了了不起的成功，他们以自己的才智、忠诚、汗水，甚至生命，为战后国际关系谱写了新的篇章。科索沃危机虽然削弱了人们对联合国的期待，削弱了联合国的权威，但"联合国绝不会被任何国家、即使是超级大国所轻而易举地抛开，因为即使对超级大国而言，也无法承受由于伤害联合国而带给自身利益的巨大伤害"[①]。我们相信，21世纪的联合国秘书长们，一定会以他们的聪明与智慧，弘扬《联合国宪章》的宗旨与原则，为人类的和平与发展继续努力。

---

① 李铁城：《世界需要联合国》，《人民日报》1999年6月25日。

联合国惜别潘基文[*]

2016年12月30日中午，在纽约联合国总部，不同肤色的联合国工作人员和各国外交官纷纷来与潘基文秘书长话别。潘基文发表了告别演讲，他以四个"原则"总结了自己过去10年的工作：工作应有轻重缓急，并保持专注；永不言弃；以人为本，聚焦人权以及民众的尊严；帮助那些落后的人们。

联合国的每任秘书长都有其过人之处和引人争议之处，潘基文也不例外。他一路走来，克服语言障碍、文化隔膜、权力结构的掣肘，实属不易。10年操劳，72岁的潘基文已是一个沧桑老人，他的离职，代表了一个时代的结束。

第一节 两大政治遗产——《巴黎协定》和《联合国2030年可持续发展议程》

发展是联合国的三大支柱之一，而可持续性发展既是联合国千年发展目标的延续和深化，也是解决安全与人权问题的基础。目前人类所能

---

[*] 本文发表在《世界知识》2017年第2期。

使用的资源是有限的，可持续发展并非易事。而没有人类的可持续发展，任何群体的权利诉求都是没有保障的。

在潘基文任内，联合国不遗余力地推动气候变化问题的全球谈判，其间达成了"巴厘路线图"（2007年12月）、《哥本哈根协议》（2009年12月）、联合国可持续发展大会（"里约+20"峰会）的《我们憧憬的未来》（2012年6月），最终在2015年达成了历史性的《巴黎协定》，并于2016年11月4日正式生效。

同时，潘基文也为联合国千年发展目标的实现和2015年后联合国发展议程的制定呕心沥血。他认为，在当今世界，联合国和平、发展与人权这三个基石之间的联系空前紧密。没有人权，就不会有长久的和平与安全；没有和平与安全，可持续发展就无从谈起。2015年8月2日，联合国193个会员国的代表就2015年后联合国发展议程达成一致，这份题为《联合国2030年可持续发展议程》的文件，标志着人类社会第一次就发展的概念达成了共识，具有划时代的意义。从内容上看，这份议程涉及经济发展、社会进步和环境保护三个方面，三位一体、缺一不可；从适用范围来看，它适用于世界上所有国家，既包括穷国，也包括富国；从制定过程来看，所有会员国都参与了讨论，因此它有非常雄厚、坚实的基础。

第二节　妇女权益的改善与推动实施"保护的责任"

潘基文在与美国资深新闻记者汤姆·普雷特对话时，曾讲过韩国妇女与橡胶鞋的故事，那是他的母亲讲给他的。故事发生在20世纪50年代，韩国的医疗条件有限，所以生孩子对妇女来说是最困难的事。当时没有助产婆，接生时就请村子里有经验的女子来帮忙，每次都会有生命危险。那些生产的妇女在分娩前总要停下来看一眼脚上的橡胶鞋，因为她们不知道生完孩子之后还能不能再活着穿上它。这个故事凸显了妇女生产的艰难。所以潘基文一再呼吁，性别平等和妇女赋权是实现可持续未来的关键，他严厉谴责对于女性的各种性暴力行为。他认为，妇女是人类"最待开发"的资源，如果她们的潜力发挥出来，至少可以让经济生产率和社会发展速度加快一倍以上。

潘基文在推动妇女平权方面成绩显著，他创建了联合国妇女署，并自称女权主义者。他在联合国系统里努力实现两性平等，将副秘书长级别的高级女性职员任命率提高了60%，助理秘书长级别的任命率也提高了40%。一大批优秀的高级女性公务员在联合国脱颖而出，比如联合国副秘书长阿莉西亚·巴尔塞纳·伊瓦拉、秘书长发言人米歇尔·蒙塔斯，而联合国开发计划署署长、联合国教科文组织总干事、世界卫生组织总干事、联合国妇女署执行主任等也均为女性。2014年诺贝尔和平奖授予了维护女性受教育权利的巴基斯坦少女马拉拉，潘基文盛赞马拉拉是"联合国的女儿"，表示联合国将一如既往地和她一起抗击极端主义，并为促进女童受教育和免遭暴力侵害的权利而努力。

自2005年关于"保护的责任"在联合国框架内达成部分共识以来，潘基文一直是"保护的责任"的坚定推动者。首先，他清晰地界定概念，对于联合国及其成员国来说，"保护的责任"就是《2005年世界首脑会议成果》文件中第138段和第139段中的内容，即保护人民免遭灭绝种族、战争罪、族裔清洗和危害人类罪之害的责任，不会更多，也不会更少。这一点对于联合国会员国之间的合作至关重要。其次，他重视行动，认为联合国应少说溢美之词，多做些实事。最后，他积极推动联合国大会展开关于"保护的责任"的讨论，为达成广泛的共识、落实行动做准备。从 2009 年开始，潘基文每年都发表一份相关报告，每份报告都引起了成员国及其民众的关注，推动了非正式的互动对话，为"保护的责任"的普及和发展作出了贡献。

在机构设置方面，潘基文在联合国内部设置专门的事务官员，负责"保护的责任"的执行。2007 年，弗朗西斯·登被任命为秘书长防止灭绝种族罪行特别顾问；2008 年，爱德华·勒克被任命为秘书长"保护的责任"特别顾问，负责领导"保护的责任"在概念、政治和机构方面的进一步发展和执行。为了提高效率，两名特别顾问联合办公，合并职能和活动。

第三节　潘基文的荣光、遗憾及其中国缘

潘基文的所作所为受到了国际社会的高度认可。2016 年 12 月 12 日，第 71 届联合国大会通过决议，认为潘基文在过去 10 年间展示了杰出的专业素养、坚定的奉献精神和坚实可靠的领导力，感谢他为建设一个更安全和更有保障的世界所付出的努力，称赞他在改善人民生活、为子孙后代保护地球、促进和保护所有人的人权和基本自由方面取得的令人瞩目的成绩。2016 年 12 月 14 日，安理会以鼓掌方式一致通过决议，向即将卸任的潘基文致敬和表示感谢。安理会对潘基文为寻求世界各地争端和冲突的公正持久解决所做出的不懈努力表示赞赏，赞扬他倡导的改革以及他为调整和加强联合国系统的作用和运作提出的许多建议。

面对如潮的赞誉，潘基文没有忘记任内的遗憾。他在接受采访时坦言，没有看到叙利亚危机和非洲地区冲突终结，是他任内最大的遗憾。而联合国维和部队曝出的性侵丑闻、震荡全球的难民危机、困难重重的

安理会改革、朝核问题等其他一些新旧棘手难题，也只能留待新任秘书长古特雷斯去解决了。

潘基文在任期间，也是中国综合国力迅速提升的时期。中国对于潘基文的当选、连任和各方面的工作都给予了鼎力支持。潘基文毫不掩饰中国文化对他的影响，人们称呼他是"静默外交"大师，他也形容自己是"隐形人"。从引用孔子、老子的至理名言到练习书法，以及他低调温和、以柔克刚的太极风格，理解各方情绪、幕后斡旋的行事方式，无不有着中国文化的烙印。

潘基文任内11次访华，创造了秘书长访华的纪录。2008年5月，潘基文首次访华就深入汶川地震灾区，看望受灾民众；北京奥运会前夕，潘基文来华参观了奥运场馆设施；上海世博会和南京青奥会上也都留下了这位联合国"首席行政长官"的身影；2015年，纪念中国人民抗日战争暨世界反法西斯战争胜利70周年大会在北京举行，潘基文不顾反对声音来华出席。在其任内，联合国中文微博和微信先后开通，这位时常能说几句汉语的秘书长，不仅请了一位来自中国的书法老师，还将自己的书法作品当作生日礼物送给奥巴马。甚至在农历春节前夕，潘基文还会专门录制视频向全球华人恭贺新春。中国网民昵称潘基文为"老潘"，这也说明了他在中国的超高人气和受到的爱戴。

潘基文在2016年12月30日最后的离别致辞中称自己是"联合国的孩子"，说自己小时候吃着联合国给予的粮食免于饥饿，读着联合国送来的课本得以学习，对他而言，能够担任联合国秘书长是一生幸事。"即使离任在即，我仍不变初心。我的心和小时候一样，永远和联合国在一起。"潘基文离开了联合国，但他的画像已永久挂在了秘书处大楼的一层，他的脚步也并不会就此停歇。

安南留下了一个更让人尊重的联合国[*]

2018年8月18日，联合国前秘书长科菲·安南辞世，引发国际社会哀思。安南是联合国第一位来自撒哈拉以南非洲的秘书长，第一位联合国系统出身的秘书长，第一位在任期内获得诺贝尔和平奖的秘书长，第一位跨越两个世纪的秘书长……现任秘书长古特雷斯说："安南为世界各地的人们提供了一个对话的空间、一个解决问题的地方和一条通往更美好世界的道路。在这个动荡的时代，他从未停止过努力，他赋予《联合国宪章》生命。他的遗产将是我们所有人的真正灵感。"的确，安南虽然走了，但他留给这个世界的东西太多了。

第一节 "对联合国的内部运作了如指掌"

1996年，时任联合国秘书长加利因为得罪了美国，争取连任时遭到美国否决。加利来自非洲，是联合国历史上第一个未获得连任的秘书长。中国坚持下任秘书长必须来自非洲，这个立场对安理会其他成员国产生了直接影响。在随后安理会的正式磋商中，没有一个国家提名来自

---

[*] 本文发表在《世界知识》2018年第18期。

非洲以外的人选。

一开始，非洲国家分别提名时任联合国副秘书长安南，第49届联合国大会主席、科特迪瓦外长埃西，伊斯兰会议组织秘书长加比德，毛里塔尼亚前外长阿卜杜拉作为候选人。安理会对四名候选人进行了多轮投票。虽然安南的支持率一直领先，但每次至少有两票反对，其中包括常任理事国法国（加利未能连任后，法国希望由亲法的非洲国家代表接替加利），而其他三位候选人至少遭到两个常任理事国的反对。在此僵局下，来自非洲的三个安理会成员国埃及、博茨瓦纳、几内亚比绍均支持安南作为正式候选人。1996年12月12日中午，第七轮秘密投票时，支持安南的国家上升到14个，仅法国反对。次日，在其他三位候选人宣布放弃竞选的情况下，安理会未再投票就达成一致，安南成为联合国第七任秘书长。

安南出生于加纳一个部落酋长家庭，在加纳接受了良好的教育，后留学美国、瑞士，通晓英语、法语和数门非洲语言。自1962年进入联合国工作后，安南几乎没有离开过联合国系统，在联合国内先后负责人事、财务和维和行动，可以说对于联合国的内部运作了如指掌。这些经历为他出任联合国秘书长打下了良好的基础。

第二节 "没有人比他做了更多的工作"

安南是一位锐意改革的秘书长。长期在联合国的工作经历，使安南对联合国存在的问题一清二楚，对于改革的路径也拿捏得很准。《革新联合国：改革方案》是安南在1997年提出的第一个主要倡议。这是一份一揽子改革方案，后来落实的有设立联合国常务秘书长、成立高级领导小组、削减预算、裁减人员、合并职能重叠的机构、减少行政开支、减少和缩短会议、创立道德规范办公室、建立联合国网站等。他还不厌其烦地与美国政府谈判协商，催促其缴纳拖欠的会费，并基本成功。

在维和行动改革方面，安南也进行了艰苦的努力。其主要成果就是2000年8月发布的《卜拉希米报告》，该报告提出了全面改革维和战略、理论和业务的建议，目的是为今后的维和行动提供切实可行的办法。后来联合国大会通过了这份报告，对加快维和行动的反应速度、防止卢旺达种族大屠杀和斯雷布雷尼察大屠杀等悲剧的重演有积极作用。2005年，联合国成立建设和平委员会，维和机制得到进一步完善。

进入新千年，安南代表联合国发表了《我们人民——联合国在21世纪中的角色》报告。在报告中，安南提出了联合国的千年发展目标，即在2015年前把极端贫困人口减少一半、促进妇女权利、推动每个儿童都能接受小学教育，并且减少艾滋病等疾病的传播。该报告成为联合国《千年宣言》的基础，后者是联合国在21世纪的工作蓝图，对人类社会谋求和平、促进发展、实现共同进步具有重要的指导意义。

此外，安南还推动私营部门、非政府组织和民间社会参与实现联合国目标的行动，并与国际商界订立"全球契约"，要求企业在劳工标准、人权和环保等方面承担更多的社会责任。这进一步夯实了联合国的合法性基础和联合国价值观的实施基础。

安南对国际和平的贡献也是有目共睹的。无论是非洲战乱、中东危机，还是东帝汶暴乱、阿富汗战争，都有他穿梭斡旋的身影。在1998年伊拉克武器核查危机中，安南尤其展现出了高超的外交才能和勇气。他亲赴巴格达，与萨达姆一起抽着雪茄交谈，努力说服萨达姆与美英达成协议，暂时化解了危机。

在安南的努力下，联合国的声誉空前提升。2001年，安南和联合国一起被授予诺贝尔和平奖。挪威诺贝尔委员会高度赞扬安南为联合国注入的新活力,以及在消除贫困、减少艾滋病传播和与国际恐怖主义抗争中所作出的贡献,并认为在重振联合国方面没有人比安南做了更多的工作。2001年,安南轻松连任,达到了职业生涯的顶峰。

第三节 "最糟糕的三个时刻"

安南曾以2001年"9·11"事件为分界点,将其10年秘书长任期分为两个阶段。他认为,"9·11"事件后,一些人对他和联合国产生了怨恨和嘲讽的情绪。2003年3月20日,美国绕过安理会发动伊拉克战争;2003年8月19日,联合国驻巴格达办事处遇袭,20多名联合国工作人员身亡,包括安南的亲密战友德梅洛;2005年9月,伊拉克石油换食品丑闻曝光,矛头直指安南。安南认为,这三件事是他任内最糟糕的三个时刻。2004年,安南在接受英国广播公司采访时,公开批评美国发动的伊拉克战争是非法的。这进一步激怒了美国,要求安南辞职的压力日渐加大,美国舆论对安南的抹黑和诽谤也一度达到了歇斯底里的程度。对于安南的这段经历,世界银行前行长沃尔芬森评论说:"安南遭受诽谤,被攻击得遍体鳞伤,但他依然坚韧不拔,表现出了富于建设性的精神。"

在第二任期内,安南继续推进联合国实质性的改革。2004年,他向联合国大会提交《一个更加安全的世界:我们共同的责任》报告;2005年,提交《大自由:实现人人共享的发展、安全和人权》报告;建议扩大安理会,使其更能反映21世纪的地缘政治格局;改革联合国秘书处,使其更加灵活、透明和负责;将安全、发展和人权作为联合国的三大支柱;呼吁建立人权理事会(2006年联合国大会设立了人权理事会);倡导"保护的责任",并写进《2005年世界首脑会议成果》文件。

第四节 "并没有完全退隐"

在安南任内,中国与联合国的合作得到全面加强。安南在任内曾7次访华。2012年和2016年,安南分别获得第三届和第七届孔子和平奖。安南始终支持一个中国的鲜明立场,竭力主张在国际社会中倾听中国的声音。作为一名来自非洲欠发达国家的联合国秘书长,安南对于中国改革开放取得的成就和发展模式十分关注。在安南看来,中国经济发展模式和对非投资对于非洲的发展和非洲人民脱贫是一个重要的积极力量。

卸任之后,安南并没有完全退隐。对他来说,为和平、人权事业以及解决饥饿与贫困问题而工作和奋斗,已经成为一种习惯。

2007年,安南在日内瓦成立了安南基金会,致力于推动国际和平事业的发展;同年,还成立了非洲进步小组,自己担任主席并带领一个专家团队,每年推出一份《非洲发展报告》,为非洲的发展提供政策建议;2007年底,他参与调停肯尼亚国内动乱;2012年,他被委任为叙利亚内战的特别斡旋人;2013年,他成为和平和人权倡导组织The Elders的主席,该组织由曼德拉发起成立,主要成员是各国退休外交官,商讨解决国际纷争的办法,推动人类和平发展;2016年,缅甸国务资政昂山素季邀请安南共组顾问咨询委员会研究若开邦冲突的解决方案。

安南曾这样总结10年秘书长生涯的五条经验教训:第一,世界上每个人的安全都与别人的安全有关,安全是集体的、不可分割的;第二，每个人都有责任关心他人的利益，全球化所带来的繁荣应惠及所有人；第三，全球安全与繁荣有赖于尊重人权与法治，人的尊严与权利应有法律保护；第四，政府应对其国内和国际事务中的行为负责，同时听取各方面的意见；第五，只有通过多边体系，通过联合国，各国共同合作，才能满足上述四点要求。仔细琢磨，这五条经验教训也是指导现在与未来国际关系的"五项原则"。

安南一路走来，高扬联合国的旗帜，倡导时代的新规范，笃行渐进式的改革，夯实联合国的三大支柱。从某种程度上说，安南留下了一个更强大、更让人尊重的联合国。

国际人才培养篇

联合国文化与青年国际公务员的素质培养[*]

第一节 当前联合国文化面临挑战

最近以来，随着权力政治和民族主义、民粹主义的高涨，一些国家的政策越来越和联合国所代表的多边主义相去甚远，《联合国宪章》、以联合国为代表的国际秩序以及联合国文化面临着严峻的挑战。复旦大学张贵洪认为，这些挑战主要表现为非传统安全；反全球化；单边主义；贸易保护主义；大国的任性及退群行为，联合国的改革没有实质性进展；联合国在国际秩序和全球治理中的变化。那么，在这些众多挑战中，最根本的挑战来自哪里呢？笔者认为是国际格局的变化。构成国际格局最重要的两个因素，一是大国间的战略关系；二是大国实力对比的变化，即我们常说的"极"。大国间的战略关系处于调整中，比如中美关系；当前的大国力量对比是从单极到两极的过渡期，蕴含着很大的不稳定性，这种不稳定构成了对国际制度的最大挑战。我们感觉到美国变了，欧洲变了，中国变了。这也就是习近平总书记所说的，世界处于百年未有之大变局。中国变得强大自信，变得越来越支持多边主义和自由

---

[*] 本文为2019年9月25—27日，为国际劳工组织培训中心和西北工业大学主办的2019年"国际青年教育与青年领导力论坛"提交的会议论文。

贸易，这对联合国是很大的福音，经费支持，理念支持，还有各种各样的人才人力支持，中国将为联合国体系提供更多合格的国际公务员，从而成为传承联合国文化的重要人脉。

第二节 联合国文化的主要内容

联合国文化源远流长，它来源于悠久的政治、哲学和法律传统，在这当中，西方文化的滋养最多。其他各种区域和文明，也都为联合国文化的丰富性、多样性提供了支持。具体说来，联合国文化以及核心价值观体现在以下方面。

联合国文化体现在《联合国宪章》和一系列决议文件中。《联合国宪章》《国际公务员行为标准》《联合国工作人员条例和细则》《联合国专门机构特权和豁免公约》《联合国能力开发实用指南》《联合国未来胜任力报告》等都是体现联合国文化的重要文本，值得仔细研读。

联合国文化的核心价值观，可以概括为安全（和平）、发展、人权、正义。习近平主席2015年在联合国大会发言，强调和平、发展、公平、正义、民主、自由，是全人类的共同价值，也是联合国的崇高目标。这说明中国政府高度认同联合国文化的核心价值观。

现代国际公务员的制度原则是联合国文化的具体体现。这些制度原则可以概括为：国际性和普遍性、效率及才干、忠诚原则、公正性、独立性、连续性与持久性、问责制与透明原则、性别平等。

国际公务员是联合国的形象大使，代表了活生生的联合国文化。对于联合国公务员职业要求，根据联合国秘书处《联合国未来胜任力报告》，可以具体化为3个核心价值观，8项核心能力和6项管理能力。

第一，3个核心价值观，即正直、专业精神、尊重多样性。

正直。联合国文件表述是：正直包括国际公务员行为的各个方面，包括诚实、真实、公正和廉洁等品质。国际职员要三忠于，即忠于所在国际组织、忠于联合国、忠于《联合国宪章》；诚信特别包括诚实、真诚、中立品质，实质就是忠诚。

专业精神。敬业是爱心，要爱你的职业、爱你职业所服务的对象。联合国文件指出，专业精神是敬业、认真、高效地完成任务并取得成果。最大限度地发挥自身的潜力。敬业就是奉献，包括贡献最大潜能：知识、才华、青春，乃至生命。

尊重多样性。联合国秘书处职员来自180多个国家，他们的肤色、性别、仪表、装束、语言、举止，各有不同。这只是冰山一角，更大的、看不见的实质性差异包括不同政治、宗教、文化、信仰、风俗、习惯。

第二，8项核心能力。善于沟通、团队合作、计划组织、责任担当、客户导向、创造思维、科技意识、持续学习。

第三，6项管理能力。战略眼光、领导力、赋权他人、建立信任、绩效管理、判断力与决策力。

北京外国语大学赵源结合《联合国未来胜任力报告》完成了《国际公务员胜任素质研究——以联合国业务人员和司级人员为例》。具体解读如下[①]：

第一，知识。包括：专业素质——专业知识、必备能力、相关经验、被专业知识所激励、在充满压力的情境下保持镇静、在面对困难和挑战时坚持不懈、为工作和成就感到骄傲、掌握专业能力和事务主旨、促进工作环境的性别平等、认真高效地完成承诺、遵守时间表、实现

---

① 赵源：《国际公务员胜任素质研究——以联合国业务人员和司级人员为例》，《中国行政管理》2018年第2期，第140页。

目标。

　　第二，技能。包括：沟通交流能力——提出问题来确认、展示出双向交流兴趣；开放地共享信息；认真倾听、准确理解并恰当回复；撰写高水准的分析报告和战略文件；清晰高效的演说和书写；根据听众调整语言、语气、风格和格式。组织计划能力——合理分配时间和资源；发展与战略一致的清晰目标；预知风险，计划时允许偶然性存在；确认任务和活动的优先次序，必要时进行调整；必要时监督调整计划与行动；高效利用时间。团队合作能力——与同事合作以实现组织目标；团队日程优于个人日程；由衷重视别人的想法和专业意见以征求意见；支持并按团队决策行动，即使这些决策未完整体现个人立场；分享团队成就的功劳，分享团队缺陷的责任。决策制定能力——检测与事实相悖的假设；在制定决策前考虑到其积极与消极的影响；识别关键问题，处理问题时直入重点；基于决策需求，在被提议活动中选择；必要时作出艰难决策；提出建议，做出推荐；决策时考虑到他人和组织整体的影响。科技意识——及时了解可获得技术；愿意学习新技术；积极地为任务寻找适当科技；熟知技术的适用性与局限性。

　　第三，社会角色。包括：建立信任——遵循公认的行动；给他人适当的信任；以一种沉着的、可预测的方式管理；操作透明、无隐藏日程；信任同事、员工和客户；建立一个不需惧怕反响来探讨和行动的氛围；合理地对待敏感和机密的信息。领导力——通过追求共同认可的行动途径来解决冲突；不接受特权；推动改变和进步；建立和保持关系；积极地提出策略来实现目标；为他人赋权来实现愿景；有勇气站在不同立场；确保性别平衡、平等参与。绩效管理——公正地评价绩效；合理分配职责、义务和决策制定权；鼓励风险，支持创新和倡议；确保角色、责任和汇报的界限清晰；准确判断所需的时间、资源和技能；积极支持员工的发展和职业期望。

第四，自我认知。包括：愿景——清晰的沟通联系组织战略与工作单元目标；对未来的可能性传达热忱；明确战略问题、机会与风险；创造并传达广泛且引人注目的组织方向。多样性——不歧视任何个人或组织；检测自己的偏见和行为，以避免有成见的反应；尊重和理解不同观点；尊重所有人，平等对待男性和女性；与不同背景的人高效合作。

第五，个性特质。包括：责任心——在规定的时间、成本和质量标准下产出；按照组织规章制度运营；支持下属，提供监督，为委派任务负责；为所有许诺的荣誉负责；为自身缺点承担个人责任。创新力——积极地完善项目或服务；为解决问题，满足客户需要提供不同的新选择；促进和说服他人考虑新想法；对做事情的新想法和新思路感兴趣；承担与众不同的想法产生的可预期风险；跳出思维惯性。忠诚——行动不计个人得失；不滥用职权；在日常行为活动中践行联合国价值观；在决策制定中抵制过分的政治压力；拥护符合组织利益的决定；对不专业和不道德的行为立即采取行动。

第六，动机。包括：客户导向——从客户的角度考虑问题；和客户建立并保持富有成效的伙伴关系；明确客户需求，并采取合适的对策；确保客户知晓项目中的进展或挫折；准时为客户提供产品和服务；监督客户不断发展的外部环境。持续学习——在事业上和个人上积极地发展自我；帮助同事与下级学习；紧跟个人职业领域的各项新成果；对学习和提升不断反馈；愿意向他人学习。

赵源得出结论：职位层次越低，对知识、技能、动机三个维度的胜任力要求越高；职位层次越高，对社会角色、自我认知、个性特质三个维度的胜任力要求越高。

全球胜任力是 21 世纪人才核心素养的重要指标，是参与全球竞争与合作的能力。2018 年，由经济合作与发展组织发起的国际学生评估项目（Program for International Student Assessment，PISA）首次将全球胜任力纳入考核，并且与哈佛大学零点项目共同发布了《PISA全球胜任力框架》。

该框架中，全球胜任力被定义为："在尊重人性尊严的前提下，个人拥有从多元观点批判性地分析全球与跨文化议题的能力；能充分理解差异是如何影响自我及他人的观点、判断与诠释；能够开放、适宜、有效率地与不同文化背景的人沟通的能力。"关于全球胜任力，可以进一步参考胡敏的《全球胜任力——面向未来的青少年核心素养》一书。

第三节 中国的青年国际公务员培养是一项系统工程

当前，在各种国际组织中，中国一方面要派出更多的代表，另一方面要在实践中体现垂范作用。比如在消除贫困、妇女问题、南南合作、气候变化等方面，倡议和主导成立了一些新型的国际组织，比如上海合作组织、新开发银行、亚洲基础设施投资银行；在国际组织的一些峰会和国际会议上提出中国方案，比如把10月31日上海世博会闭幕日定为"世界城市日"，这是中国第一次在联合国推动设立国际日。

对于国际组织人才的培养和输送，国务院办公厅专门发布红头文件，并部署人力和资金加以落实；请联合国人事司的官员来华宣讲；组织专家到学校宣讲；举办国际职员后备人选培训班；组织联合国青年专业人员考试；出资向国际组织推送实习生和联合国初级专业人员或青年业务官员等。在国际组织人才实习生方面，国家留学基金管理委员会已与9个国际组织签署了相关协议，在全国范围内面向32岁以下的本硕博毕业生进行招聘。

在国际公务员培养的实操方面，一些资历深的国际公务员起到了极大的推动作用，比如宋允孚、王纪元、何昌垂、王之佳、祖良荣、刘志贤、薛玉雪等先生。

中国的国际公务员培养逐渐兴盛起来。高校是培养人才的重要场所，要想培养出符合联合国等国际组织标准的人才，需要与国际组织、国家政府、民间智库、企业、基金会等不同组织开展密切的合作，给年轻人提供更多的实习机会势在必行。因此，各个高校也"八仙过海，各显神通"，形成了不同的模式。北京语言大学具有开展国际组织人才培养的天然优势和历史优势，其拥有国内高校最早的研究联合国的智库——联合国研究中心，拥有一批在国际组织、孔子学院和驻外使馆工作过的优秀的外事工作人员，拥有无可比拟的语言资源基础，为中国的国际组织人才培养和输送作出了贡献。

对于国际组织人才，我们也不能神秘化。一说起国际公务员，人们就会想起穿着得体的西装、套裙，拿着公文包的国际精英们，令人敬仰。实际上联合国就是一个开会的地方，每天来自全世界的官员集中在这里，抱着求同存异的态度发表观点。以翻译处为例，其工作人员每天的主要工作就是坐在计算机前翻译，并没有多少机会跟各国大咖们交流。有人开玩笑说，每次感到疲惫时，就把朋友带来这里，看着别人一脸羡慕的表情，自己也就心甘情愿地继续工作了。全面地了解国际组织，有利于年轻人更加理性地选择职业，塑造自己的未来。

惊鸿一瞥话学术

——我与北京语言大学同学们的知识人生*

2008 年，我在北京语言大学开始带思想政治教育专业的研究生；2009 年又有了国际政治专业的研究生。一路走来，毕业的学生已近十届，回想起来，既有甜蜜，也有愧疚，但更多的是期盼，期盼着有学术的助力，他们能过上美好的生活，不断传来好消息，在人生的舞台上越飞越高。

第一节 我的知识谱系

要带研究生，首先要问我能给学生们传承什么？回想过去受教育的日子，自己的学士和硕士都是在 20 世纪 80 年代获得，虽然在北京大学和北京广播学院（现为中国传媒大学）的时光都已久远，但所受的素质教育还是给自己的兴趣、见识和人格打下了深深的烙印。那时我对知识如饥似渴，但阅读的更多是非专业的书籍。文学、哲学、宗教、艺

---

* 本文发表在《北语高教研究》2019 年第 2 期。

术、武术、气功、医学等通俗读物，读书更多的是凭个人爱好，而非方法论的自觉。对知识的追求，也常常带有几分虚荣，并以此打发时间，至今我都记得拉着行李箱去购买商务印书馆和中华书局出版的经典系列名著的情景。

1999年，我随李铁城老师去美国访学。在联合国总部、哈佛大学、麻省理工学院、中国驻美国大使馆、中国驻联合国使团的一系列参观走访，我感受到专业知识的匮乏，尤其是美国大学教师全都有博士学位的事实对我触动很大。于是我暗暗下决心：我要读博士，要当一位基辛格那样的博士。

2002年，读博士的愿望如愿以偿。9月，我满怀激动地走进外交学院，成为秦亚青先生的弟子，至今想来都感谢上天的眷顾。先生是英语同声传译出身，后来去美国密苏里大学攻读政治学博士学位。他身上散发着迷人的气质，被学生们赞誉"一张嘴就是半个盛唐"。

先生是谦谦君子，说话办事举重若轻。3年的熏陶，系统的理论、方法习得、艺术的品鉴、建构主义的人格重塑、同门的相互鼓励与关爱，我有了自己的人生追求，艰涩的科学哲学原著居然也能读得津津有味。我懂得了包容、开放、创新与合作，同时深感学问传承与知识谱系之重要，也正应了那句古诗：问渠那得清如许？为有源头活水来。

在漫长的求学过程中，有限的身心与学海无涯的矛盾始终存在。如何调节疲惫的身心，以获得学识的可持续发展，始终是人生的挑战。业余时间最大的爱好是探索健康之道，为此涉猎了很多武术气功的知识，并一直持续至今。这些心得对克服智力与体力的瓶颈很有帮助，后来也常把它们推荐给身边的同事与学生们。

第二节　我的学生们

从 1988 年来北京语言大学工作到现在已过 30 余年,其中教授研究生已有 10 个年头。之前也常常与别的导师交流教授学生之道,但回想起来,每个人的经验常常无法简单复制。这与导师、学生的性格、知识结构、偏好、生存状况分不开,也就是说,导师与研究生的互动,既是一门科学,也是一门艺术,还有一些机缘和运气,有的时候,学生在很多方面也是自己的导师。

研究生指导是一门科学。主要是指 3 年的培养,需要在生涯规划、课程安排、上课笔记、读书报告、课堂汇报、规范论文的写作、课题申报、参加会议等方面点拨鼓励。从 3 年的时间规划来讲,大概是第一年忙课程,第二年忙考博或者实习,第三年忙论文和工作。等学生答辩顺利结束,求职也有了音信,老师的心才暂时放到肚子里。

研究生指导也是一门艺术。师生互动,不是像机器人之间,完全按照固定的程序进行。每个人都出生在不同的文化背景中,带着不同的习性和价值观在北京语言大学相遇。师生是平等的主体,我更欣赏苏格拉底对自己的定位,即"知识的助产婆"。正因为我们生来带有文化的胎记,所以跨文化交流始终存在着很多想不到,有惊喜,也有郁闷和无奈。

有的学生因各种变故,情绪处在剧烈波动中;有的学生面临选择的烦恼;有的学生对新鲜事物恐惧或跃跃欲试;外国学生也有语言障碍、风俗的不适应,甚至"文明的冲突"。这些问题都不是简单的知识传承和研究方法所能解决的,需要的是释放、宣泄、谈心、开心与放下,需要爱与被爱；对人类非理性因素及其作用的研究、实验，是理性生活正常进行不可或缺的部分。所以师生关系并不限于学校，它或许是人生永远的陪伴。在这一过程中，老师和学生共同成长，学生也会见证老师的软弱、迷茫和苦楚，他们相互的开导和鼓励是师生缘分的见证与回报，互为师生也许更为准确。把精神与心的力量如何发挥到极致是教育的使命。基于此，成立一个心社，方便大家可以随时交流，是我盼望的一件事情。

第三节 我们为什么需要创新？我们需要什么样的创新？

创新是一个民族的灵魂，创新是大学的安身立命之本，一个缺乏创新力的民族早晚会被"剥夺球籍"。那么，我们怎样才能创新？我们需要什么样的创新呢？创新与标新立异一样吗？

一、创新需求的动力源泉

2019年，国际政治秩序、国际经济秩序和世界文明的竞争加剧，权力政治、国家中心论和民族主义回潮。国内经济受到世界主要经济体增速放缓的影响，进入新常态不创新不足以改善民生，不创新不足以实现两个一百年奋斗目标。

从更深层次看，创新需求源于下面几个方面的驱动：

1. 人性

人性有喜新厌旧的特性，人有好奇心，有人生规划和对现有自己的超越需求。对于物质消费有新需求，对于精神消费有新需求，对于身份也有新需求。生活长期没有变化，人们会觉得乏味和厌倦。追求变化，是人性的本质，也是自然和社会变化的源泉。

2. 共产党员的先进性

共产党员是服务社会的先进分子，中国共产党是中华民族的先锋队。这意味着中国共产党要永远走在时代前列，引领大家不断追求新目标，走进新境界，否则立党之本、执政之基、力量之源将不复存在。

3. 市场经济逐利性

市场经济的优势在于通过不断创新，最大程度地刺激和满足人们的消费欲望，并以此配置各种资源。当今世界贸易组织有 166 个成员，充分显示了市场经济体制的优势，中国是全球发展繁荣的重要引擎，当然要走在创新的前列。

4. 全球化背景下的多元利益调整

当今随着"互联网＋"的助力，全球互联互通达到了一个空前的程度。人们的命运和利益深度依存，中国崛起、美国霸权、欧洲复苏、日本"争常"、俄罗斯逆袭，各国之间围绕着自己的利益展开复杂互动，"蝴蝶效应"日益明显。中国面对国内外环境的新变化，需要深入实施创新驱动发展战略。

二、创新的含义、种类与原则

1. 创新的含义

创新是以新思维、新发明和新描述为特征的一种概念化过程。其有三层含义：第一，更新；第二，创造新的东西；第三，改变。创新是人类特有的认识能力和实践能力，是人类主观能动性的高级表现，是推动民族进步和社会发展的不竭动力。

有很多概念的含义，与创新的含义相重叠，比如维新、更新、革新、改革、改变、革命等，但在不同的语境下相去甚远。

2. 创新的种类

创新依据不同的标准，可以分成很多种类，并不是所有的创新都是好的。比如有形式创新与本质创新、局部创新与整体创新、特殊性创新与普遍性创新、文明性创新与野蛮性创新，因为创新总是与一定的时空、文化背景相连，有新瓶装旧酒，也有古为今用，洋为中用，推陈出新。

3. 创新的实践

国内外创新的实践可谓层出不穷，商鞅变法、文艺复兴、新文化运动、新民主主义、新中国、新宪法、汉语拼音方案，大众创业、万众创新，其中创新领域、创新主体和创新的过程结果差别很大，需要做仔细研究。

4. 创新的代价

创新是有代价的，即使是带来好的社会效果的商鞅变法，最后也导致了创新者本人的悲剧式结局——五马分尸。就不说那些带有非理性色彩的创新试验了。创新并不总是和平的，战争可以说是创新的极端形态，如第一次世界大战、第二次世界大战，极大地改变了人类生活和世界的模样。核武器的出现以及核战争的阴霾，克隆人和克隆器官技术的成熟，人工智能的日新月异更是拷问着科学家的道德良心以及创新的伦理意义。

5. 创新的原则

鉴于创新的巨大风险，我们应该思考创新应遵循的原则，我们主张审慎的实验，反对置人类命运于不顾的狂热工程。人类是命运共同体，更是去世的、活着的和即将出生的三位一体的历史存在。我们欣赏以下原则：一是先有充分的思想解放，后有百家争鸣式的多元创新；二是创新与协调、绿色、开放、共享的发展理念是不可分的；三是创新与实事求是是不可分离的。要思考创新与传统的关系（复兴），与现实的关系（可操作性），与未来的关系（可持续性）。

我们反对经验主义和故步自封，赞同创新才会带来自信，但创新的参照系是全球，"四个自信"也要有全球视野。道路、理论、制度和文化间的关系需要做科学的研究。培植宽容、和解的土壤，提供创新的制度保障。

第四节 我的未来图景

圣人孔子曾经渴望过一个师生同游的场面："莫春者，春服既成，冠者五六人，童子六七人，浴乎沂，风乎舞雩，咏而归。"柏拉图学院的开放与对数学的重视，塔尔寺里僧人围绕经典真义的舌战都给我们很好的启迪。

在当今喧嚣和碎片化的时代，如何更好的育人？这是一个沉重的话题。一方面离不开大环境的改善。世界一流的大学，离不开一流的师资、一流的校园、一流的学生。这三者如何合理地配置在一起呢？需要时间，需要资源，更需要正确的办学理念。

另一方面，要让喜爱学术的人做学术，做学术也能过上体面的生活。大学要有更多的自主权，有更多的包容性，鼓励教师给社会更多的回报与贡献。而教育的产业化与过度行政化，将破坏大学的生态，给真正的学术带来不应有的压力与挑战。

我们要读书，我也呼吁大家抓紧读书。古人云："士大夫三日不读书，则义理不交于胸中，对镜觉面目可憎，向人亦语言无味。"我们要嗜书如命，爱书爱到骨子里，让书籍陪伴我们的一生。教师只有爱书，带头敬畏学问，研习知识，才能做好学问，教好学生。

小荷才露尖尖角　早有蜻蜓立上头

——小联合国里的联合国学与国际化人才培养[*]

从 1988 年来到北京语言大学，屈指一算，已 30 余年，几多风雨，几多春秋，陪她发展，伴她壮大。2022 年北京语言大学迎来 60 周年华诞，谨以此文敬献礼赞，并愿以臧克家的诗句和大家共勉："块块荒田水和泥，深耕细作走东西。老牛亦解韶光贵，不等扬鞭自奋蹄。"

北京语言大学地处北京市海淀区五道口黄金地段，是镶嵌在学院路上的一颗明珠，它承载着几十万学子和几千名教职工的美好记忆和期望。1986 年春，我第一次踏进北京语言大学的校园，榕花满地，桂香扑鼻。1988 年，我有幸成为这里的一员，见证了从北京语言学院，到北京语言文化大学，再到北京语言大学的变化，变的是名称，不变的是多元文化的碰撞、中国语言文化的传播和北京语言大学人为建设世界一流语言大学而自强不息的奋斗精神。

学语言是为了更好地交流，以便让世界人民增进了解，加强合作，解决人类的公共问题。北京语言大学不囿于语言文学，还发展了经济学、法学、工学、历史学、教育学、管理学和艺术学等学科。北京语言大学在 2000 年有了国际政治专业硕士点，2007 年有了国际政治本科

---

[*] 本文发表在《北语高教研究》2022 年第 3 期。

生，2012年有了国际文化交流专业（第二年更名为国际事务与国际关系本科专业），2014年建立了国际关系学院，国际关系学院的师生们一起为北京语言大学的发展添砖加瓦，用高分贝频频发声，北京语言大学国际关系专业的发展从此进入了快车道。

第一节 联合国研究的拓荒者

凡是喜爱联合国研究的人，对一个名字都不会陌生，他就是李铁城老师。他于1973年从外交学院来北京语言大学任教，至1999年退休，后又被学校返聘了12年，他被称为"中国联合国学的拓荒者"，自20世纪80年代前期就在国内率先发表了多篇研究联合国及中国与联合国关系的学术论文。1990年8月，由李铁城老师牵头申请的国家社科基金设立的第一个研究联合国的专项课题，成立了由校内外多位专家学者、资深外交官以及已退休的联合国公务员共同组成的国内第一个联合国研究课题组，课题组的创始成员是李铁城老师、陈鲁直大使（原驻丹麦冰岛大使、联合国特别政治事务副秘书长办公室司长）、郑玉质先生（纽约联合国总部新闻部任新闻官，联合国机关刊物《联合国纪事》中文版主编）和贾烈英老师。

1992年在我校举行的国内首次专门研讨联合国问题的学术会议上，李铁城老师首次提出应建立有中国特点的"联合国学"研究，之后他又多次提出应重视中国的"联合国学"研究。

在联合国研究课题组的基础上，1993年12月北京语言学院联合国研究中心正式建立，成为国内第一家专门从事联合国问题研究的学术机构。研究中心扩大了队伍，聚集了校内外更多的同行，业务实力与学术影响力与日俱增，主要集中体现在研究成果上。1999年李铁城和贾烈英两位老师赴美国联合国总部、纽约大学、美国联合国协会、哈佛大学进行走访，把一套联合国研究的专著赠送给联合国哈马舍尔德图书馆，并对李肇星大使、秦华孙大使、金永健副秘书长、顾菊珍女士、崔天凯参赞（后来担任驻日、美大使）进行了访谈。

第二节 历史角度的研究是北京语言大学联合国研究的鲜明特色

自20世纪90年代至今，经过30多年持续不懈的努力，李铁城老师和研究中心先后出版了《联合国与世界秩序》《联合国的历程》《联合国五十年》《联合国机制与改革》《联合国大事编年：1945—1996》《联合国维持和平行动》《世纪之交的联合国》《联合国框架下的中美关系》《联合国里的中国人》《走近联合国》《非政府组织与核军控》《构建和平——从欧洲协调到联合国》《联合国简明教程》《全球治理中的联合国》《新时代的全球格局与人类命运：大使看世界》《气候俱乐部的有效性研究》等专著，这些著作为中国联合国学的发展留下了一个个不可磨灭的印记，对学界和外事工作部门都产生了积极的影响，北京语言大学联合国研究中心已成为国内成立最早、研究成果最多、学术影响相当广泛的一座学术重镇。

北京语言大学联合国研究中心也与北京大学、人民大学、外交学院、复旦大学、北京外国语大学、中国人民警察大学的联合国研究中心保持着密切的互动，并经常在媒体上发声，服务于国家的多边外交。研究中心也在繁荣校园文化、促进联合国学的发展、培养国际人才储备方面发挥着日益重要的作用,成为北京语言大学"小联合国"的一张耀眼的名片和学界联合国研究的金字招牌。

第三节 从联合国硕士点到两个本科生专业的建立

经过艰苦的努力,北京语言大学以联合国研究为主的国际政治硕士点于2000年正式招生。招生伊始,专职教师紧张,只有李铁城、王为民和刘华平3位老师。为此,硕士点实行开放式办学,"吃百家饭",从外交学院等高校外事部门聘请了众多老师"友情出演",可谓阵容"超级豪华"。

从2002年起,北京语言大学开展第一次本科生专业申报工作,连续4年终获成功。2007年国际政治系成立,王为民老师、刘华平老师先后担任系主任,为政治系的发展呕心沥血。新专业刚开始招生,师资力量不足,多亏有马克思主义学院(原社科学院)全体老师的大力支持,才闯过了难关。2012年,在钱婉约、韩德民等老师的努力下,国际文化交流专业开始招生,并于2013年更名为国际事务与国际关系专业。

第四节 国际关系学院横空出世:2014年至今

2014年,北京语言大学国际关系学院正式成立,是当时中国第12

家国际关系学院。有了学院建制，教学大纲日趋丰富，对外交流日益频繁，师资力量有所提高，人才培养的效果逐渐显现。

一、就业方面

以新冠疫情前的2019届毕业生为例，2019届国际政治专业就业率为100%。其中，出国深造比例为19%，如去爱丁堡大学、华威大学、约翰霍普金斯大学、伦敦政治经济学院等大学留学；国内升学比例为30%，除本校升学外，多人被北京大学、外交学院、北京师范大学、厦门大学等院校录取；就业比例为67%，现多人在学而思、毕马威、智库基金会等企业工作。

2019届国际事务与国际关系专业就业率为100%。其中，出国深造比例为13%，如爱丁堡大学、伦敦国王学院、宾夕法尼亚大学等大学；国内升学比例为29%，除本校升学外，多人被北京大学、外交学院、中国人民大学、南京大学等院校录取；就业比例为58%，现多人在中公教育、北京童程童美科技、北京万维之道等企业工作。

二、学科建设

近几年，国际关系学院的学科建设取得了长足发展。2021年拿下了政治学一级硕士点；国际事务国际关系专业在2021年软科中国大学专业排名第五位，并于2022年入选国家一流本科专业；国际政治专业入选北京市一流本科专业；2022年获批第三个本科专业——国际组织与全球治理。

借我校国别和区域研究的优势，学院教师在国别和区域研究领域担任博士生导师和博士后合作导师，出任核心期刊《国别和区域研究》

的副主编，拥有教育部备案的中东欧研究中心，为我校国别区域学一级学科建设助力。

三、服务学校整体发展

国际关系学院老师积极宣传习近平新时代中国特色社会主义思想，给机关干部、兄弟学院党员积极分子、全校博士生、孔子学院赴海外志愿者和我校新生上党课。不断接受国内外各种媒体采访，宣扬我国的外交方针和政策，提高了北京语言大学的知名度。

学院老师不仅积极参加我校"一带一路"研究院智库建设和汉学研究学科建设活动，而且作为对话嘉宾，常年出席北京语言大学口笔译大赛。

四、国内外交流

国际关系学院与外部交流日趋频繁，学院老师与国内外一流大学互动紧密，多次在北京外国语大学、北京第二外国语学院、天津外国语大学、中国传媒大学、国际关系学院、中国社会科学院美国所举办学术讲座；与韩国启明大学、匈牙利国家行政大学、比利时根特大学、德国波恩大学、美国韦伯斯特大学、意大利米兰天主教圣心大学、罗马尼亚锡比乌卢奇安·布拉卡大学保持着定期交流。

学院曾与中国联合国协会共同主办6次联合国研究的学术会议，协办第三次中国国际公务员能力建设培训班，研究中心多次组织学生参加"全面禁止核试验条约组织筹备委员会"主办的全球在线"CTBT外交和公共政策课程"，派学生参加由日本联合国协会、中国联合国协会与韩国联合国协会共同主办的"中日韩青年论坛"；研究中心还一直孜孜不倦地支持北京语言大学模拟联合国活动。2016年，由中国联合国协会与北京语言大学联合国研究中心联合发起"大使看世界"高级讲坛，截至目前共举办20多次学术讲座；2017年、2018年、2019年，国际关系学院学子在全国联合国知识大赛中连续获奖，其中2017年为特等奖，马方方老师两次荣获优秀指导教师。2017年北京语言大学国际关系学院承办北京高校国际政治研究会年会，北京语言大学国际关系学院在学界的影响力逐渐扩大。

2018年11月9日至11日，由中国联合国研究联席会议主办，北京语言大学国际关系学院承办的第十八届东亚联合国系统研讨会成功举办。来自中、日、韩三国的近70名专家学者围绕东亚面临的安全挑战、东亚的安全合作、联合国系统的改革、多边贸易体系的挑战、联合国与文化交流、媒体的作用和民间交流等问题，进行了深入的探讨和交流。11月13日，中国联合国协会向我校发来感谢信，高度评价我校为承办第十八届东亚联合国系统研讨会所付出的努力，提前数月精心筹备，会议服务细致周到，刘利校长出席了开幕式，北京语言大学师生的辛勤付出为本次研讨会的顺利举行提供了有力保障。北京语言大学师生团结协作、积极向上的精神风貌和良好的专业素质给与会中外代表留下了深刻印象，赢得了广泛赞誉。

2021年11月，北京语言大学国际关系学院主办了"中国、联合国与人类进步——纪念中国恢复联合国合法席位50周年暨北京语言大学联合国研究中心成立28周年"学术研讨会。会议主要参加人员包括北京语言大学校长刘利，中联部前副部长于洪君，联合国教科文组织世界遗产中心非洲部主任、北京语言大学校友爱德蒙·木卡拉，北京语言大学资深教授李铁城，联合国粮农组织前副总干事何昌垂，中国联合国协会前副会长兼总干事刘志贤，驻联合国教科文组织前大使尤少忠，联合国国际劳工组织原（泰老柬）国家局局长王纪元，外交学院前副院长郑启荣教授，北京大学国际关系学院副院长、国际组织研究中心主任张海滨教授，复旦大学联合国与国际组织研究中心主任张贵洪教授，中国人民大学联合国研究中心主任蒲俜教授，北京外国语大学北外学院副院长刘铁娃副教授，中国政法大学国际政治系副主任李晓燕副教授，上海联合国研究会外联部主任陆燕婷，《世界知识》杂志社前主编徐波。会议由科研处副处长王秋生（现任国际关系学院书记），国际关系学院院长、联合国研究中心主任贾烈英教授，国际关系学院副院长马方方教授主持，国际关系学院的师生代表也出席了会议。

会议围绕"中国与联合国携手促进人类和平与发展"和"多元视角下的联合国研究"两大主题展开了12场学术发言，议题包括中国在联合国取得的历史成就，裁军、人文交流、气候问题、全球治理，以及中国如何面对联合国未来可能的变革，中国联合国研究的展望等。会议同步在线上平台进行，大家互动非常热烈，会议取得了圆满成功。

2021年，北京语言大学国际关系学院成为中国青年外交高校联盟第一批理事单位；与北京海陆经济发展安全战略研究中心探索长期合作模式。2022年，北京语言大学国际关系学院成为北京高校国际政治研究会副会长单位。2022年6月11日由北京高校国际政治研究会和北京语言大学联合国研究中心主办的联合国研究工作坊第一期正式举行。主讲嘉宾是北京语言大学国际关系学院院长助理胡王云讲师，讲座主题是"大变局背景下的联合国气候治理"。

五、承担社会责任

北京语言大学国际关系学院承担的社会责任具体表现在以下五个方面：

第一，文化传承和中外人文交流方面，北京语言大学国际关系学院作为北京语言大学"小联合国"的有机组成部分，以及依托"专业+外语"培养模式培养"宽口径、厚基础、高素质、复合型"人才的前沿，学院培养了来自40多个国家的近千名毕业生，为新时代中国外交外事工作、友好国家经济社会发展和国际发展、全球治理提供了充分的新鲜血液。这些传承中国情怀或知华友华、专业素质过硬、复合型能力突出的学生毕业后大多进入与本专业密切相关的部门和行业，尤其是在外交部、国际组织、新闻传媒、国际咨询等行业，表现非常活跃，受到用人单位的高度评价。

第二，智库咨政服务方面，北京语言大学国际关系学院一直强调研究服务于国家战略和北京市发展战略，在中国推动构建人类命运共同体，北京市加快发展转型、建设"四个中心"的背景下，围绕"全球治理和中国特色大国外交""国际秩序转型和中国战略定位""大国博弈及中国应对""'一带一路'沿线国际局势与国情""共建人类命运共同体的国际挑战与中国方案""北京建设国际交往中心的路径""中国国际组织外交与北京定位"等事关国家重大发展的问题展开深入研究，取得了一系列重要成果。

第三，学术共同体服务方面，北京语言大学国际关系学院注重与兄弟单位的交流与合作，切实肩负起自己的社会责任。本院近年来举办了一系列高端学术会议，邀请国内外领域内专家前来分享前沿成果、交流学术科研经验，为创新国内、国际学术交流和研究合作机制，拓展巩固国际政治学术共同体、共同研究新时代中国外交、地区合作重大问题提供支撑和动力。

第四，公益服务和学术普及方面，北京语言大学国际关系学院始终重视国情与世情教育。除了在培养方案中设置一定的思想政治教育内容，对本校学生展开思想政治教育之外，还重视将本学院的科研和学术交流成果开放、分享给公众，普及学科和国情、世情。比如，开设"大使看世界""中国道路大讲堂"品牌论坛,向公众开放,并出版题为《新时代的全球格局与人类命运:大使看世界》《构建人类命运共同体的名家视角》等著作,有助于公众更好地了解世界的变化、中国的机遇和面临的挑战。

第五,慈善助学方面,联合国研究中心一直秉持着求真知做真人的精神,开展慈善助学活动。联合国研究中心奖学基金是北京语言大学联合国研究中心和国际关系学院特别设立的长期的、专项的奖学基金,由李铁城老师发起,海内外关心联合国和多边外交研究的热心人士共同出资于2007年下半年设立。基金旨在鼓励和表彰具有发展潜力和创新思维的优秀学生进行联合国事务和对外交往方面的学习研究。奖优和助贫相结合,激励青年学生关注国家与社会,培养国际视野,促进青年学生成长,学有所成,报效祖国。

第五节　展望未来

2021年底,北京语言大学国际关系学院成为一个全面独立运营的学院。各种事情有待完善。从建章立制做起,筹备三办(党政办、教务办、学生办)、建立各种委员会,然后是创建学院网站、公众号,装修办公室、招兵买马,成立北京语言大学国际关系学院校友会。在不远的将来,北京语言大学政治学领域人才培养、学术创新、资政服务将以新的面貌出现在世人面前。

当前中国高校国际组织人才培养的几点思考[*]

新中国对国际组织的认识经历了一个逐步深入的过程。这既和我们的历史记忆相关，也和新中国国际地位的变化密不可分。1971年，新中国恢复了在联合国的合法席位，在联合国秘书处工作的中国籍国际公务员虽然有所增加，但主要是中文翻译人员。1971年到1976年中文翻译人员从67人增加到97人。

随着中国改革开放政策的实施，中国对国际组织人才的培养和输送逐渐增加。1979年联合国秘书处开始与中国政府联合举办联合国译员培训班，一直持续到1994年，译训班共开办13期，培养了200多名口笔译员，包括崔天凯（第一期）、刘结一（第一期）、章启月（第二期）、秦亚青（第三期）、张维为（第三期）、章均赛（第五期）等人。

1986年，中国政府在《关于第七个五年计划的报告》中，首次明确提出广泛支持和参与联合国等多边组织的外交活动。中国与国际组织合作的步伐明显加快。

中国民间对国际组织的追捧显得更加热络。1993年，北京顺义国际学校举办海牙国际模拟联合国大会分会暨第一届北京模拟联合国大会。1995年，外交学院举办中国高校首次模拟联合国会议，成为中国最早的模拟联合国活动开拓者。2014年，北京大学首次举办中学生模

---

[*] 本文发表在《北语高教研究》2023年第2期。

拟联合国会议。

第一节 中国政府的战略规划

我国较早涉及国际组织人才培养的政策文件是 2010 年颁发的《国家中长期教育改革和发展规划纲要（2010—2020 年）》。该文件明确提出，要培养大批具有国际视野、通晓国际规则、能够参与国际事务与国际竞争的国际化人才。

2012 年，党的十八大报告明确提出，我们要倡导人类命运共同体意识，我们将积极参与多边事务，支持联合国、二十国集团、上海合作组织、金砖国家等发挥积极作用。

2015 年在中央政治局第二十七次集体学习时，习近平总书记提出要加强能力建设和战略投入，加强对全球治理的理论研究，高度重视全球治理方面的人才培养。

2016 年在中央政治局第三十五次集体学习时，习近平总书记再次强调参与全球治理需要一大批熟悉党和国家方针政策、了解我国国情、具有全球视野、熟练运用外语、通晓国际规则、精通国际谈判的专业人才。

为此，国务院各部委、地方政府纷纷出台政策文件，全国高校则采取具体措施，推动国际组织人才的培养和选送。高校是培养国际组织人才的主要阵地，本文将梳理高校国际组织人才培养的模式、成就与面临的主要问题。

第二节　国际组织人才的内涵与标准

复旦大学张贵洪教授认为，国际组织人才可以界定为具有全球胜任力，为国际组织工作的国际化人才。全球胜任力将考验其在国际组织中，与来自不同行为体的代表之间的合作能力，因为国际组织本身有7万多个，性质各异，服务的对象和牵涉的功能领域千差万别，各种国际组织之间又藕断丝连，互动频繁，相互渗透与纠缠。

经济合作与发展组织关于全球胜任力有一个非常经典的定义，即研究地方、全球和文化间问题的能力，是理解和欣赏他人观点和世界观的能力，是与来自不同文化的人进行开放、适当和有效的互动的能力，是为集体福祉和可持续发展采取行动的能力。

曾任联合国粮食及农业组织副总干事的何昌垂把联合国系统人才选拔标准总结为"386"标准，即正直、专业精神、尊重多样性3个核心价值观；善于沟通、团队合作、计划组织、责任担当、客户导向、创新思维、科技意识、持续学习8个核心能力；战略眼光、领导力、赋权他人、建立信任、绩效管理、判断力与决策力6个方面的管理能力（见图4）。

国际公务员不同于国内公务员，没有世界政府做后盾，其权威应当通过专业知识和本人的道德修养来体现。

目前国际公务员的级别一般分成四类：一般人员，基本是在当地招聘；业务人员，通常是全球招聘；司局级人员，通常是任命或竞聘；高级人员，通常直接任命。

那么，要想报考联合国系统最初级的公务员，需要具备什么条件呢？我们以联合国青年专业人员考试条件为例。联合国青年专业人员考试是国际公开招聘的项目，即使是无工作经验的大学毕业生也可以参考。具体来说应具备以下四个条件：第一，申请者需具备无代表性或代表性不足国家的国籍；第二，申请者必须在32周岁以下；第三，申请者能够流利地使用英语或法语；第四，申请者需持有与自己申请报考科目相关的学位，通常经济类、法律类、统计类和信息技术类的专业需求较多。

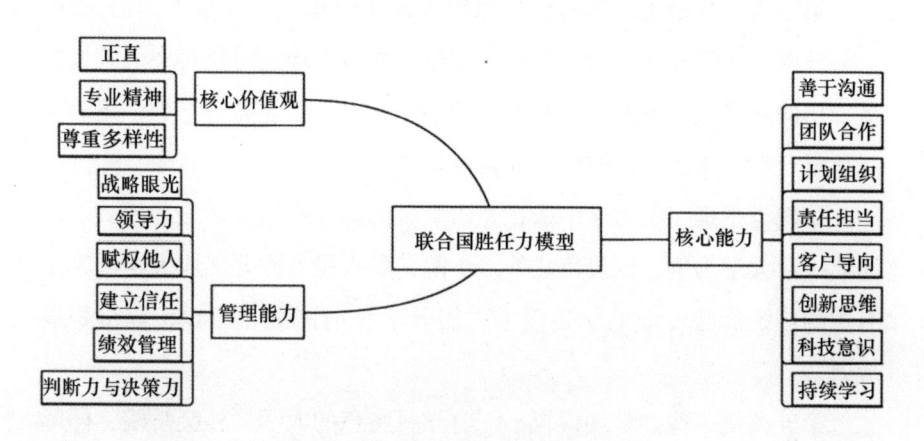

图4 联合国系统人才选拔标准

第三节 高校国际组织人才培养的模式

根据北京大学国际关系学院张海滨、刘莲莲老师的分类，目前中国高校国际组织人才培养模式大致可分为五类：

第一类是综合性大学中依托国际关系学科的国际组织人才培养模

式。以北京大学为例，北京大学依托国际关系学院，设立专门的国际组织与国际公共政策系，并充分利用其41个"双一流"学科的综合性优势，以本科、硕士和博士贯通的方式培养国际组织人才，包括高层次理论研究人才，成效显著。

第二类是综合性大学中依托外语学科的国际组织人才培养模式。以浙江大学为例，浙江大学依托外国语学院创立"国际组织精英人才培养计划"（国精班），充分结合浙江大学的学科优势，不断取得新的进展。

第三类是外语类大学的国际组织人才培养模式。北京外国语大学、上海外国语大学和北京语言大学等高校，面对全球化时代对外语院校发展提出的新挑战，不断探索新的发展空间，以外语优势为基础，培养国际化复合型人才成为他们的人才培养重点。

第四类是理工科大学中依托外语学科的国际组织人才培养模式。以西北工业大学为例，该校依托外语学院，积极服务西北工业大学与军工有关的传统优势专业的学生需求，提升学生的国际化意识，取得积极成效。

第五类是一些办学规模较小、有学科特色的大学。外交学院、国际关系学院和上海财经大学等是其中的代表，这些学校结合自身学科特色和优势，发展特色鲜明、规模适中的国际组织人才培养项目。

第四节 中国国际组织人才任职现状

根据联合国统计，截至2019年12月31日，联合国秘书处有36574名职员，中国仅有565名，有20个国家的职员比中国多，其中13个是发展中国家，中国职员人数排名第21位。中国籍职员的比重大幅滞后于中国贡献的会费比重。2023年，中国对联合国会费的分摊比重提升至18.68%，成为仅次于美国（22%）的第二大会费国，中国的维和经费比例达到15.22%（美国25%），中国在联合国教科文组织成为第一大会费国，但中国在联合国供职总人数与中国当前所处的国际地位远不相称。

关于各高校积极推动的国际组织实习生的派出情况，也有如下数据。我国在2015年派出了23个实习生和联合国初级专业人员，而到2020年已被录取1096人，相关人员被派赴76个国家223个国际组织的总部以及办事处实习任职。通过问卷调查发现，中国青年学生在能力、国际组织胜任力结构中普遍存在一些问题。一是国际可迁移能力薄弱，比如外语的写作能力、讲述能力；二是多元文化下的有效沟通能力和组织协调能力薄弱；三是国际事务专业能力不足。在素质方面也存在全球视野缺乏等问题。

可见，如何在近期尽快提高中国籍国际公务员的数量和质量迫在眉睫。

第五节 未来发展方向：他山之石可以攻玉

为了探究国际组织高层人才的任职特征和成长规律，清华大学针对国际组织最高领导人的任职进行了定量分析。本研究对联合国系统下属的48家典型政府间组织于2000—2017年在任的160位最高领导人的简历进行分析。结果显示，国际组织领导人来自74个国家，女性领导人占20%，初掌帅印时平均年龄约57岁，职场生涯约32年，90%领导人的职业生涯并非始于国际组织，但80%左右的人就任前拥有过在国际组织或所属国政府的工作经历，晋升来源也主要为上述两类。就教育经历而言，拥有博士学位者占48%；有海外学习经历者占51%；在美国、英国和法国完成最高学位教育（硕士或博士）者占56%；无论是本科还是最高学位（硕士或博士）专业，攻读法律、经济学和政治学三门学科的人皆超过半数。

  国内学界研究发现，美、英两国作为世界主要国际组织的创始国，依靠其综合国力，基本保持了其国际组织人才的传统优势。瑞、法两国积极利用其优越的地理位置，吸引国际组织落户，充分发挥了总部优势。而日、韩两国，充分利用联合国初级专业人员项目推送计划，以资金换岗位，以援助促外交，取得了后发优势。德国的螺旋模式前期通过信息供给、职业咨询和培训服务等进行人才吸引和孵化，并通过实习项目和驻外经历助其积累职业经验和发展能力，中期通过高层协调、项目推送和直接派遣等进行实践历练，后期则借助进修项目和回归吸收等助其实现发展提升。

  哈佛大学肯尼迪政府学院的经验揭示出在雄厚资金和超强人脉的加持下，国际组织高层次人才培养的成功秘笈。招收认同服务公众理念的优秀人才；构建科学的领导力课程体系；采用注重体验的案例教学方法；以活动和奖学金鼓励学生持续的专业发展，并帮助他们登上更高的职业发展平台。

  鉴于此，如何进一步完善顶层设计，建立跨部委的国际组织人才培养联动机制，加大对高校国际组织人才培养的资金支持、人力扶持、标准化指导以及跨校间的协作推动，刻不容缓。

中国区域国别人才培养的几点思考[*]

最近 10 年来，国内关于区域国别研究的重视程度逐渐升温，政府的投入力度和政策支持也在逐渐加大，于是相应的研究队伍、学术同盟、兴趣爱好者纷纷聚拢，围绕学科内涵、学科理论与方法的争鸣日趋热烈。尤其是 2022 年 9 月，国务院学位委员会、教育部发布《研究生教育学科专业目录（2022 年）》，确定将"区域国别学"纳入交叉学科一级学科目录，更是激发了国内区域国别学建设的高潮。

区域国别学振兴的动力主要来自国家需要，而其中的枢纽则是人才培养。如何培养区域国别人才，学界可谓是仁者见仁，智者见智。大家结合自己的知识结构与生活历练，提出了很多真知灼见。笔者也愿意在此谈谈自己的浅见。

区域国别学本质上是域外之学。随着中外力量的消长，中外组织单元的变迁，中国人看域外世界观的透镜也一变再变，如果我们在文明互鉴的历史长河中，立体地打量区域国别人才，可能会看到一幅不一样的画面，因为他们角色不同，彼此关系位置不同，贡献的知识产品也不一样。

秦亚青先生认为，就知识体系的构成而言，区域国别学的知识体系应包含三种类型的知识：描述性知识、学理性知识和应用性知识。描述

---

[*] 本文发表在《中国社会科学报》2024 年 4 月 25 日。原文名为《区域国别学知识生产的三种人才模式》，发表时略有删减。

性知识是学科知识的基础和重要组成部分，学理性知识发现区域国别研究对象的规律性行为、验证理论的普适性范畴，应用性知识解决国家面临的重大问题，三者相辅相成，这里笔者借用他的三类知识分类的视角。但笔者想知道，在中国历史上，主要是什么群体贡献了这三类域外知识？他们是如何成就这方面才能的？

笔者把这三类群体分别称为区域国别人才的社会派、区域国别人才的学院派、区域国别人才的政策派。下面我试着勾勒一下他们的大概面貌。

第一节　区域国别人才的社会派
——描述性知识的贡献者

我把没有官方背景的、从事跨国交往的人士称作社会派，他们包括商人、僧侣、游客、记者、留学生、跨国婚姻者、打工者或者难民甚至偷渡客。

这部分群体很庞大，不一定都能成为专家，但他们是文化的搬运工，其中的佼佼者确实证明高手在民间。他们之所以对域外知识如此了解，动力源或是信仰，或是好奇，或是牟利，或是生存，或是爱恨情仇。正因为有真情实感，又接地气，所以他们能较深地融入异国他乡，获取了极强的共情能力，甚至比一般的外国人在某些领域更了解他们的文化。因为个人的执着与自律，这类人才与其说是培养的，不如说是自己成长的。正是在这个意义上，阎学通先生说学术人才靠自己成长，而非靠他人培养。培养并非成才的充要条件，如果将自学成才的科学家考虑进来，培养甚至都不是成才的必要条件。

社会派的经典例子比如唐玄奘。史书记载，玄奘西行求法，往返17年，旅程5万里，所历"百有三十八国"，带回大小乘佛教经律论共520夹，657部。玄奘因为自己的修为，深得古印度僧众及国王爱戴，对方也极力挽留他，不想放他走，但他还是毅然返回故土。《大唐西域记》是玄奘奉皇帝之命，自己口述，弟子辩机编纂完成，全书共12卷，记述了玄奘亲身经历的110个国家和得之传闻的28个国家的情况。书中对各国的记述繁简不一，有疆域、气候、风土、人情、语言、宗教及大量历史传说等内容。该书记录了7世纪中南亚各国社会宗教文化的大量珍贵史料，是研究这些地区古代史和宗教信仰、中外交通等专门史的重要文献。有趣的是，玄奘西天取经并没被皇帝批准，属"偷渡"行为。作为一个从印度佛教中心那烂陀寺归来的高僧，玄奘带回了大量的域外知识，极大地丰富了我国的文化基因，被誉为中华民族的脊梁，世界和平使者。

国外这方面的例子也比比皆是，如马可·波罗、利玛窦、阿倍仲麻吕、埃德加·斯诺；又如马海德，支持中国革命，娶中国妻子，并成为第一个加入中国国籍的外国人。

第二节　区域国别人才的学院派
——学理性知识的提供者

学校是批量培养国别区域人才的地方。大学的主要功能是创造知识和传播知识，教师的知识主要来自于书本的学理性知识，来自于历史的传承，其强项在于逻辑严谨、方法多样、理论创新。学理性知识着眼于发现规律、真相、意义，不断丰富人类的知识宝藏，有助于人类间的相互理解。

英国伦敦大学亚非学院、巴黎东方语言文化学院、美国的哈佛大学、日本的东京大学都在区域国别知识方面作出了重要的贡献。中国哲学社会科学的五路大军也不例外，包括高等院校、党校（行政学院）、部队院校、科研院所、党政部门研究机构在内的哲学社会科学工作者正在为区域国别知识的积累辛勤耕作，用一句流行的话说就是大国之学正在成为大学之学。

据高校国别和区域研究工作秘书处丁钰梅和罗林介绍，2023年教育部共建设高校国别和区域研究培育基地、备案中心450余家，涉及近200所院校，共有专职研究人员18000余名。覆盖188个国家、60个次区域、16个国际组织，实现主要大国、重点国家地区、"关键小国"的精准覆盖。从院校分布看，现有的450余家培育基地和备案中心中，综合性大学占比约为40%，沿边、沿疆、沿海地区高校占比约40%，外语类院校占比约30%，充分发挥了综合性大学整体学科优势，沿边、沿疆、沿海高校区位优势和外语类院校的多语种优势。同时在财经、政法、水利、地质、能源、交通等行业特色院校中设立有系列培育基地、备案中心，有力支撑了国家发展战略和重大需求。上面的数字仅是中国科研五路大军的一路兵马，全部的队伍则更为壮观。

十年树木，百年树人。学理性知识需要精雕细琢、千锤百炼，科学研究有其自身的规律，应该给科研人员提供更为宽松的生活与学术环境，学者过慢节奏的生活、尽可能少的干扰，他们才能有长时段的思考，催生那灵光乍现的时刻。这个道理对于学生们也是适用的。

第三节 区域国别人才的政策派
——应用性知识的创造者

上面描述的科研生活是一种理想的情境，更多的时候是形势不等人。社会派和学院派都不是生活在真空中，都要服务于国家需要，服务于社会需求。当社会派、学院派提供的知识不足以经世致用的时候，我们就要把目光放在政策派身上。政策派指的是国家间外交外事活动的实践者，包括了政府间外交外事的各种管道，比如政治、经济、军事、文化等领域，党、政、军、人大、政协全班人马。

因为他们生活在国家间交往的一线，是各种活动的设计者、实施者、修正者，所以他们是国家意志与政策行为的实践者，这使得他们必须综合考虑各种条件，提前预判对方的各种态度和国内群体的各种反应，当然他们也会受到自身角色、知识结构、经验和胆识的影响。这部分群体有的会在任职期间发表各种谈话，卸任后发表回忆录或者文章，但更重要的是如何最大程度发挥他们的育人作用。

可以从两个角度进行考虑。一个是政策派在任期间，如何最大程度地在同行中发挥领军作用，比如强化各种业务培训机制，增加公务员和各种实习生的数目。这方面的经典例子无论是凿空西域、开拓丝绸之路的张骞，还是职业外交家顾维钧、中国特色外交的奠基人周恩来，其贡献的应用性知识都是不可估量的。

另一个是政策派卸任后，如何更好地发挥他们的育人作用。这一点在中国已经有了巨大的进步，北京语言大学自2016年推出"大使看世界"高端讲坛，已经举行近30次；中国政法大学李群英教授主持的口述当代中国外交，已有70余位中国大使，还包括少量现任大使走进课堂，正是他们的现身说法使得课本上的外交理论活了起来，使学生们的视野开阔了起来。我们也看到有越来越多的外交官走进工厂，走进社会，让更多的受众习得域外知识，全方位了解中国外交。

当然，这个群体数量庞大，如何在机制上、学科建设上和人才培养上有效发挥他们的作用，还需要一个整体设计，这方面仍有相当大的发展空间。

第四节　结　语

经过长时段、三位一体的扫描，我们对中国区域国别人才培养会有一个崭新的思考。三种知识、三类人才都非常重要，互为补充。这当中抱持开放多元的理念非常重要。知识爆炸、人才辈出的年代都是国运提升、国门开放、人员自由流动的时期；都渊源于美美与共，尊重文明的多样性；都得益于破旧立新，敢为人先的精神；学科、理论、方法、教材、师资、教法固然重要，但不识庐山真面目，只缘身在此山中。如何促进三种人才的相互加持，三类知识之间的相互赋能，才是我们应该重点思考的核心所在。

后 记

本人对国际组织的研究始于1988年来到北京语言大学（当时为北京语言学院）工作。李铁城老师是国内研究联合国的知名专家，1990年我加入了他领衔的联合国研究课题组，该课题组成立于1990年12月22日，成员包括陈鲁直先生，外交学院的袁士槟、周启朋、郑启荣老师，《联合国纪事》中文版主编郑玉质先生，中国青年政治学院王文老师，北京语言大学李铁城老师。之后便发表了我人生中第一篇联合国研究的论文《试析联合国秘书长的地位及职能》（收录于陈鲁直和李铁城主编的《联合国与世界秩序》），由此与国内研究联合国的资深专家和青年才俊们结下深厚的缘分。

2002年，是我人生的一个转折点。这一年我投入秦亚青老师门下，攻读国际关系理论，2005年的毕业论文题目是《无政府性与国际制度有效性的实证研究——从欧洲协调到联合国》。之后进入了学术收获期，每每生活和学术碰到瓶颈的时候，导师的智慧和关爱始终照亮我人生的道路。本书中的绝大部分论文都有着导师的心血，是导师思想的回响。虽然老师近几年被聘为山东大学讲席教授，长年生活在青岛即墨，但我与老师的交流从未受到影响。

北京语言大学是国际组织研究的重镇，1993年成立的北京语言大学联合国研究中心是中国高校第一家联合国研究中心。目前北京语言大学是首届全国国际事务专业学位研究生教育指导委员单位、北京高等教育学会国际政治研究分会理事长单位；还是国务院学位委员会首届区域国别学学科评议组成员，教育部高校区域国别研究中心秘书处单位，拥有国别和区域研究院及其17家备案中心；有23家孔子学院，还是世界汉学家理事会理事长单位。这些社会网络，将为北京语言大学国际组织与全球治理的理论与实践创新提供强有力的学术支撑和资源保障。

因此我要由衷地感谢北京语言大学的历届领导对政治学学科的大力支持，感谢罗林、云国强、丁文阁、陈霞、宋晓玲、李炜等兄弟院系老师和领导的鼎力相助。感谢我的博士生田臻在本书的校对、格式体例编辑方面所做的大量工作。

也要感谢时事出版社原编辑谢琳女士，她费心协调本书的主题、书号，保证了本书的按时出版。

最后我还要感谢我教过的所有学生们。尤其是2008年起，我自己也开始带硕士研究生，2020年开始带博士研究生，对人才培养的体会也逐步加深。我希望我的学生们能够传承前辈的学术薪火，在为人为事方面，潜下心来，不断努力，谱写人生的精彩篇章。

贾烈英
于北京市海淀区育新花园
2024年2月25日

图书在版编目（CIP）数据

国际组织与全球治理 / 贾烈英著. --北京：时事出版社，2024.11. -- ISBN 978-7-5195-0609-4

Ⅰ. D813；D5

中国国家版本馆 CIP 数据核字第 2024HH7448 号

出 版 发 行：时事出版社
地　　　　址：北京市海淀区彰化路 138 号西荣阁 B 座 G2 层
邮　　　　编：100097
发 行 热 线：(010) 88869831　88869832
传　　　　真：(010) 88869875
电 子 邮 箱：shishichubanshe@sina.com
印　　　　刷：北京良义印刷科技有限公司

开本：787×1092　1/16　印张：15.25　字数：211 千字
2024 年 11 月第 1 版　2024 年 11 月第 1 次印刷
定价：138.00 元

（如有印装质量问题，请与本社发行部联系调换）